LE

Siége de Boulogne,

EN 1544,

Poëme,

PAR M. LE BARON D'ORDRE;

AVEC DES NOTES HISTORIQUES, UN ESSAI TOPOGRAPHIQUE SUR LES ENVIRONS DE BOULOGNE AU 16e SIÈCLE, ET UN PLAN DU SIÉGE;

PAR M. Alexre. MARMIN.

> Dulce et decorum est pro Patriâ mori! Hor.

BOULOGNE,
IMPRIMERIE DE LEROY-BERGER.
1825.

LE

SIÉGE DE BOULOGNE,

POÈME.

LE

SIÉGE DE BOULOGNE

EN 1544,

POËME,

PAR M. LE BARON D'ORDRE;

AVEC DES NOTES HISTORIQUES,

UN ESSAI TOPOGRAPHIQUE SUR LES ENVIRONS DE BOULOGNE AU 16e SIÈCLE,

ET UN PLAN DU SIÉGE;

PAR M. Alexre. MARMIN.

Dulce et decorum est pro Patriâ mori! Hor.

BOULOGNE,
IMPRIMERIE DE LE ROY-BERGER,
1825.

A Messieurs

Les Maire, Adjoints et Membres du Conseil municipal de la ville de Boulogne.

MESSIEURS,

LE siége de Boulogne par les Anglais en 1544 est une des époques glorieuses de notre histoire, tant à cause de la fidélité et du dévouement des Boulonnais au Roi de France, que de leur courage au-dessus de tout éloge. J'ai placé le récit de ce Siége mémorable dans la bouche d'un vieillard qui, assis au pied de la colonne, raconte à son fils, le jour de St.-Marc, les hauts faits de nos ancêtres. En rappelant la gloire ancienne près d'un monument destiné à éterniser la gloire nouvelle, j'ai voulu faire voir que nos pères étaient braves et que leurs fils n'ont point dégénéré de leur valeur.

Les notes pleines d'intérêt et de savoir, et l'essai topographique joint au beau plan dont M. *Alexandre Marmin* a bien voulu enrichir mon ouvrage, m'ont confirmé dans le dessein que j'avais de vous le présenter.

Personne plus que vous, Messieurs, n'avait droit à la dédicace d'un Poëme inspiré par l'amour de la patrie : la ville qui vous a vus naitre, et sur laquelle vous exercez une autorité paternelle, se plait à retrouver en vous les dignes successeurs du brave Eurvin, de ce Magistrat guerrier qui mérita également la couronne de chêne et celle de laurier, et dont la mémoire sera toujours chère aux Boulonnais.

Si je ne suis pas né sur les bords de la Liane, mes premiers souvenirs et mes plus chères affections m'y rattachent. En choisissant Boulogne pour le sujet de mes chants, et en vous en faisant hommage, il m'a semblé que j'acquittais une dette du cœur.

J'ai l'honneur d'être, avec une haute considération et un sincère attachement,

Messieurs,

Votre très-humble et très-dévoué serviteur.

Bon D'ORDRE.

Boulogne, le 4 avril 1825.

EXTRAIT DES REGISTRES

AUX DÉLIBÉRATIONS DU CONSEIL MUNICIPAL DE LA VILLE DE BOULOGNE-SUR-MER, DÉPARTEMENT DU PAS-DE-CALAIS.

Séance du 13 Octobre 1824 autorisée par la lettre de M. le Sous-préfet du même jour.

CEJOURD'HUI 13 octobre 1824, le Conseil municipal de la ville de Boulogne-sur-mer étant réuni au lieu ordinaire de ses séances, se sont trouvés présens : MM. Marmin, baron Wattier, Adam, Dutertre-Delporte, Millon, Lefebvre-Ducrocq, Deseille, Cousin, Ducarnoy, Isnardy, Caron de Fromentel, Gros, de Maintenay, Wissocq, Coilliot, Menneville, Rouxel, Pamart, Fontaine et Lemattre.

Monsieur Isnardy, rapporteur de la Commission chargée d'examiner le Poème de M. le baron d'Ordre sur le Siége de Boulogne, propose l'impression du poème et des notes. Cet ouvrage, dit le Rapporteur, sera dans tous les tems un monument glorieux pour les Boulonnais : il sera classique pour eux, et leur offrira une lecture intéressante d'une des plus belles époques de leur histoire.

Le Conseil municipal, après avoir entendu le rapport de la Commission, en adopte les conclusions.

Fait et arrêté en séance, lesdits jour, mois et an.

Signé au registre : MARMIN, baron WATTIER, ADAM, DUTERTRE-DELPORTE, MILLON, LEFEBVRE-DUCROCQ, DESSEILLE, COUSIN, DECARNOY, ISNARDY, CARON DE FROMENTEL, GROS, DE MAINTENAY, WISSOCQ, COILLIOT, MENNEVILLE, ROUXEL, PAMART, FONTAINE, LEMAITRE, et VASSEUR, maire, président.

Pour extrait conforme :

Le Maire de Boulogne,

Signé VASSEUR.

LE
SIÉGE DE BOULOGNE.

L'AUBE du jour paraît : du beffroi l'airain sonne,
Le canon du rempart d'heure en heure résonne;
Le drapeau sur la tour flotte en signe de paix :
C'est aujourd'hui Saint-Marc, jour cher aux Boulonnais. (1)
A leurs cœurs attendris chaque année il rappelle,
Au retour du printems, l'époque solennelle
Où leur ville rendue à l'empire des lys
Vit rentrer dans ses murs ses citoyens bannis.

Mon fils, soutiens mes pas, ma force m'abandonne :
Je veux me reposer au pied de la colonne, (2)
Superbe monument qui porte jusqu'aux cieux
L'honneur du nom Français, transmis par nos aïeux.

Ainsi parle un vieillard; et la brise légère
Caresse, en se jouant, son front octogénaire,

Disperse sur son cou ses cheveux argentés :
Son fils avec respect se tient à ses côtés.

Vois, lui dit le vieillard, d'une voix attendrie,
Cette noble cité; mon fils, c'est ta patrie,
Celle de tes aïeux depuis quatre cents ans.
Ils étaient tous humains, fidèles et vaillans,
Doux et bons dans la paix, terribles dans la guerre. (3)
Nous avons conservé ce même caractère :
Quand ils sont nos rivaux, nous aimons les Anglais,
Mais nous sommes trop fiers pour être leurs sujets :
Nous ne voulons, mon fils, que des Français pour maîtres.

Je veux te raconter ce qu'ont fait nos ancêtres
Pendant ce fameux siége où chaque citoyen
Combattait en héros et mourait en chrétien.
Eurvin, le brave Eurvin, sous le titre de maire, (4)
Etait leur digne chef, leur modèle et leur père :
Né du sang Boulonnais, guerrier et magistrat,
Sage dans le conseil, bouillant dans le combat,
Il honorait partout et l'écharpe et l'épée.
Du bien de son pays sa grande ame occupée
Méprisait les périls, et fidèle à la loi,
Ne voyait que l'honneur, sa patrie et son roi.

François régnait alors sur le trône de France : (5)
Deux monarques unis menaçaient sa puissance;
L'un fourbe, impénétrable en ses vastes projets,
L'autre cruel, altier, ne pardonnant jamais.
L'un cher aux Espagnols, dont il accrut la gloire,
L'autre craint des Anglais, et flétri par l'histoire :
Charles-Quint, Henri huit, tous deux s'étaient promis
De planter leurs drapeaux sur les tours de Paris. (6)

De verdoyans épis la terre était couverte;
L'ame du laboureur à l'espérance ouverte
D'avance jouissait des fruits de son labeur....
Hélas! le malheureux, plein d'une douce erreur,
Ignorait que l'Anglais sur ces heureux rivages
Allait porter l'effroi, la guerre et ses ravages!

Le soleil répandait les premiers feux du jour
Sur les murs de Boulogne et les monts d'alentour,
Quand soudain se déploie, aux champs de Beaurepaire,
L'appareil menaçant de l'armée insulaire. (7)
Vers Wimille et Dringhen ses nombreux bataillons
S'étendent dans la plaine et couvrent les sillons. (8)
Des chevaliers, vêtus de leurs cottes de mailles,
S'avancent au galop jusqu'au pied des murailles;
De leurs casques polis, faits du plus pur acier,

Un panache éclatant ombrage le cimier.
Leurs rapides chevaux, pleins de force et d'audace,
Semblent raser la terre et dévorer l'espace :
Tels que ces feux brillans qui sillonnent les airs,
Dont l'œil veut suivre en vain les mouvemens divers.

Aux armes, Boulonnais ! les échos de Liane,
Depuis le fier château jusqu'à l'humble cabane,
A travers les vallons, les champs et les forêts,
Ont répété soudain : aux armes, Boulonnais !

Tout change avec le tems. La ville de nos pères
Et celle d'aujourd'hui ne se ressemblent guères :
Le théâtre autrefois des fureurs du dieu Mars
Est pour nous le séjour du commerce et des arts.
L'approche des Anglais répandait les alarmes ;
Nos pères indignés soudain volaient aux armes :
Aujourd'hui leur présence est un gage de paix ;
C'est en serrant sa main que j'aborde un Anglais.

Du bronze menaçant gronde au loin le tonnerre :
Sous les pieds des chevaux tremble et frémit la terre.
Les voilà ces guerriers qu'Albion a nourris,
Dans les camps, sur les mers aux périls aguerris !

Sur les riches revers de l'habit écarlate
L'argent en broderie avec orgueil éclate.
Plus loin on reconnaît les fiers enfans d'Erin,
Aux longs cheveux épars, à la robe de lin (9)
Que recouvre un manteau d'une étoffe de bure :
Ils dédaignent le casque et la pesante armure ;
Tous portent une lance, une épée et trois dards.
Après eux des Germains flottent les étendards.
Au bruit harmonieux des clairons, des cymbales,
Ils accordent les sons de leurs voix martiales :
Ennemis de la paix et d'un lâche repos,
Ils chantent les combats, la gloire et les héros.
Comme un torrent fougueux, du haut d'une montagne,
Tombe et se précipite à travers la campagne,
Renversant dans son cours le chêne des forêts,
Le toit du laboureur et l'espoir des guérets :
Telle à nos yeux s'avance à travers la contrée
L'armée aux larges flancs, à la marche assurée.

Je ne te dirai pas combien de fois, mon fils,
Les Anglais repoussés, attaqués, poursuivis,
Ramenant au combat leurs cohortes sanglantes,
Jonchèrent de leurs corps nos campagnes fumantes.
Exposé chaque jour à de nouveaux combats,

Boulogne ne comptait que quinze cents soldats. (10)
Couci les commandait. (11) Déployant leur bannière,
Les seigneurs d'Alincthun, de Ferque et de Wierre, (12)
Jaloux de partager ses périls, ses travaux,
S'avancent sous nos murs, suivis de leurs vassaux.
Ils n'étaient pas nombreux, mais ils étaient tous braves :
Compte-t-on les héros? on compte les esclaves !
Quand Henri combattait contre les Boulonnais,
Il oubliait leur nombre en voyant leurs hauts faits.
La vieillesse pesante et le sexe timide
Déployaient sur la brèche un courage intrépide, (13)
Bravaient tous les périls, supportaient tous les maux;
De simples citoyens devenaient des héros.
Que ne puis-je, mon fils, au temple de mémoire
Graver leurs noms obscurs que réclame la gloire!
Bonnet et Rougegrès qui, par d'adroits détours,
Font entrer dans la ville un important secours; (14)
Graindor, Level, Blondin qui périt sur la brèche; (15)
Gin, Lefebvre, Fournier percé d'un coup de flèche, (16)
Tant d'autres dont les noms et les faits éclatans
Restent ensevelis dans l'abîme des tems! (17)

Le soleil, à moitié de la voûte éthérée,
Eclairait de la mer la surface azurée;
On voit sur la Tour-d'Ordre, ô surprise! ô douleurs!

Le pavillon anglais déployer ses couleurs. (18)
Chacun à cet aspect se demande et s'écrie :
Quel chef a pu trahir l'honneur et la patrie?
La Liane, dit-on, s'échappa de son lit ;
Le jour changea soudain en une sombre nuit,
Et, parmi les éclairs qui perçaient les ténèbres,
On entendit au ciel gémir des voix funèbres.
Femmes, enfans, vieillards, invoquant l'éternel,
Arrosent de leurs pleurs les marches de l'autel.
Ils se rendent en foule au temple de Marie : (19)
« O toi ! qui de la mer appaises la furie,
» Soutiens le faible esquif agité par les flots
» Et ramènes au port les pâles matelots,
» Toi, qui du malheureux es l'espoir et le guide,
» Sur ces murs menacés étends ta sainte égide :
» Quand tout nous abandonne, ô vierge ! souviens-toi
» Que Boulogne est soumis à ton culte, à ta loi ! »

Soudain avec fracas une bombe pesante
Tombe, éclate au milieu de la foule tremblante.
Le temple est ébranlé jusqu'en ses fondemens,
La voûte retentit de longs gémissemens ;
Mais le peuple est couvert d'une invisible armure :
On ne voit que des pleurs et pas une blessure !

Dans son étroite enceinte autrefois resserré
Et de fossés profonds vers le sud entouré,
Boulogne offrait partout un double mur de roche :
Des tours aux quatre coins en défendaient l'approche. (20)
Au pied de ces remparts, d'où ton œil enchanté
Plane aujourd'hui, mon fils, sur une autre cité, (21)
On ne voyait jadis que l'informe assemblage
De quelques toits épars qui bordaient le rivage :
L'Anglais, en s'avançant, pouvait s'y retrancher ;
Mais, en brûlant ces toits, on va l'en empêcher ;
Déjà l'on s'y prépare. Hélas ! dans quelques heures
Le feu dévorera ces paisibles demeures. (22)
L'habitant fatigué s'abandonne au sommeil ;
Il est heureux en songe.... effroyable réveil !
Tous les maux à la fois vont déchirer son ame....
Des brandons sont lancés ; le vent souffle, la flamme
S'élève en tourbillon sur les murs embrasés :
Les femmes, les vieillards périssent écrasés.
L'un arrache au trépas son enfant ou son père,
L'autre emporte en fuyant son épouse ou sa mère ;
Le frère dans ses bras saisit sa jeune sœur,
Près d'un berceau la mère expire de douleur :
Et, l'incendie au loin étendant ses ravages,
Un horizon de feu colore les nuages.

Sur le bord de la mer, où l'on vit autrefois
L'asile révéré des fils de Saint François, (23)
Qui d'un monde trompeur abjuraient le délire,
S'abaissant par degrés, la flamme enfin expire.
Les braves Boulonnais, sur ces débris fumans,
A la face du ciel répètent les sermens
De mourir mille fois plutôt que de se rendre.
Mais la voix de Couci ne se fit pas entendre.

L'ennemi chaque jour tente un nouvel effort :
Maître de la Tour-d'Ordre, il commande le port.
A force de travail et de ruse et d'audace,
Toujours infatigable, il resserre la place.
Courbé, silencieux, dans l'ombre, le mineur (24)
S'avance sous la terre, et, redoublant d'ardeur,
A coups sourds et pressés ouvre enfin ses entrailles,
Et creuse le volcan jusqu'au pied des murailles.
Le salpêtre s'enflamme, il éclate; et soudain
Le guerrier renversé trouve un trépas certain.
Que pouvaient sa valeur, sa force et son adresse!
Il est frappé sans gloire, il tombe sans faiblesse:
Et, parmi des monceaux de rochers entassés,
On ne reconnaît plus ses membres dispersés.

Cependant loin des murs une troupe intrépide
S'élance.... Sur son char vole la mort rapide.
Sous sa faux meurtrière, oh! combien de guerriers
En lugubres cyprès changent leurs verts lauriers!
Tu tombes, Dewinter, sous les yeux de ton maître; (25)
Jeune et vaillant guerrier que l'Ecosse a vu naître,
Tu ne vas plus entendre, à tes foyers assis,
Les accords belliqueux de tes bardes chéris.
Et toi, le seul espoir, le seul appui d'un père,
Ton œil mouillé s'éteint tourné vers l'Angleterre!
On se presse, on se croise, on se heurte à la fois:
Que de faits glorieux, que de vaillans exploits
Illustrent en ce jour ces nations rivales,
Jalouses de cueillir les palmes triomphales!
L'infatigable mort vole de rang en rang;
Les sillons sont couverts de leur généreux sang.

Henri frémit, s'indigne et descend dans la plaine:
Il croit qu'il va fixer la victoire incertaine.
On entend retentir sa foudroyante voix:
« Avancez, fiers Bretons, Irlandais et Gallois!
» Où sont mes lansquenets et mes archers fidèles?
» Renouvelez l'assaut, appliquez les échelles,

» Faites pleuvoir la mort, multipliez vos coups !
» Saint George et votre Roi combattent avec vous ! »

D'un côté la fureur, de l'autre le courage,
Obtiennent tour-à-tour un égal avantage.
Où presse le péril partout se montre Eurvin;
L'éclair est dans ses yeux, la foudre est dans sa main.
On voit autour de lui les Boulonnais combattre.
Les Anglais sur la brèche espèrent les abattre :
Ils s'avancent sept fois, et sept fois repoussés, (26)
De leurs corps palpitans ils comblent les fossés :
Enfin, désespéré, lassé de tant d'audace,
En frémissant Henri s'éloigne de la place.

Depouques, Saint-Aubin, le brave du Blaisel, (27)
Cueillirent en ce jour un laurier immortel.

Les ombres de la nuit s'étendaient sur la ville :
Aucun bruit ne troublait le citoyen tranquille;
Il avait oublié dans un profond repos
Les fatigues du jour, ses combats, ses travaux.
Seulement quelquefois, du côté des tourelles,
On entendait encore le cri des sentinelles,
Ou la ronde des chefs, ou l'airain du beffroi :
Minuit avait sonné : quand deux guerriers sans foi

S'échappent de la ville. (28) Honneur à nos ancêtres!
Ils n'étaient pas Français ces lâches ou ces traîtres :
Aux champs de l'Italie ils avaient vu le jour.
Ils pénètrent enfin, après plus d'un détour,
Sous la tente où le roi, déplorant sa défaite,
Disposait les moyens d'assurer sa retraite.
Ce prince ambitieux, si vain, si redouté,
De ses derniers revers encore épouvanté,
Avait en ce moment perdu toute espérance
De soumettre Boulogne au joug de sa puissance.
« En vain j'aurai, dit-il, épuisé mes trésors,
» En vain du sang anglais j'aurai rougi ces bords,
» Bravé tant de périls, la mer et les orages,
» Pour recueillir ici la honte et les outrages!
» Londres, fière cité, de quel œil verras-tu
» Revenir ton Henri fugitif, abattu?
» Tu ne parleras point de sa valeur passée:
» Ses lauriers sont flétris, sa gloire est éclipsée! »

Veillant près de son roi, comme lui consterné,
Suffolk songe au départ; (29) déjà l'ordre est donné,
Quand la garde du camp amène en sa présence
Les deux guerriers félons, transfuges de la France.
Suffolk prête l'oreille à leurs traîtres discours;

Il apprend que Philippe a terminé ses jours (30)
Consacrés dès l'enfance au dur métier des armes,
Philippe, dont la mort fit verser tant de larmes,
Long-tems l'amour, l'espoir des braves Boulonnais,
Philippe, dont le nom ne périra jamais:
Il apprend que Couci, guerrier faible et timide,
En qui seul maintenant tout le pouvoir réside,
Ne saurait contenir ses soldats mutinés; (31)
Que les faibles remparts, qu'ils ont abandonnés,
Doivent aux citoyens leur unique défense,
Et que la ville, en proie à l'aveugle licence,
N'offre plus qu'une arène où l'on voit chaque jour
L'habitant, le guerrier s'égorger tour-à-tour.
Suffolk à ce récit sent son espoir renaître;
Il vole à l'instant même en informer son maître.
Le roi s'écrie : « Amis, Dieu se montre pour nous!
» La ville sans combattre est livrée à nos coups :
» La discorde aujourd'hui nous promet sa défaite!
» Comme on vit autrefois aux sons de la trompette
» Tomber de Jéricho les murs mal affermis,
» Ainsi vont s'écrouler les remparts ennemis.
» Avançons, effrayons cette cité rebelle
» Par l'appareil soudain d'une attaque nouvelle. »

Il dit. De tous côtés ses nombreux escadrons
Descendent dans la plaine, inondent les vallons;
Et, tandis que Boulogne est sommé de se rendre,
Cent tonnerres de bronze au loin se font entendre.
Jusqu'au pied des remparts les bataillons unis
S'élancent à la fois en poussant mille cris.
Le gouverneur troublé, sent faiblir son courage:
Il n'est point assez fort pour conjurer l'orage.
Les chefs de ses guerriers, les chefs des citoyens,
S'assemblent par son ordre. « — O vous, dignes soutiens
» D'une ville qui touche à son heure suprême,
» Que faire, dit Couci, en ce péril extrême?
» L'aliment des combats manque à notre valeur:
» Et déjà l'ennemi, maître de la hauteur,
» De cent bouches de feu foudroyant nos murailles,
» Porte partout l'effroi, le deuil, les funérailles :
» Les fossés sont comblés sous d'immenses débris,
» Et le drapeau sanglant flotte sur nos glacis.
» Entendez-vous ces cris de fureur et de joie?
» Les cruels léopards vont dévorer leur proie:
» Voyez Henri! voyez quel terrible regard!
Il commande l'assaut.... Ah! s'il n'est pas trop tard,
Rendons cette cité qu'on ne peut plus défendre,
» Ou Boulogne demain sera réduit en cendre,

» Et n'offrira bientôt qu'un immense cercueil.
» On m'apprend que Dubiez vient de livrer Montreuil. (32)
» D'où pourrait nous venir un secours nécessaire?
» Le noble fils de France au loin poursuit la guerre, (33)
» Et mes guerriers, lassés d'inutiles exploits,
» Refusent de combattre et sont sourds à ma voix.
» Abandonnés, trahis dans ce moment funeste,
» Rendons-nous, brave Eurvin: nul espoir ne nous reste.
» Voyez-vous dans les airs le salpêtre allumé
» Promenant le trépas sur le peuple alarmé?
» Voyez-vous ces vieillards, ces enfans et ces femmes
» Pâles, ensanglantés, que l'on arrache aux flammes?
» Entendez-vous leurs cris? — Je suis français, seigneur,
» Je n'entends que la voix du devoir, de l'honneur:
» Au brave Boulonnais, seigneur, cette voix crie:
» Combats, triomphe ou meurs pour sauver la patrie!
Mais je suis étonné que vous forciez ici
» Eurvin de rappeler à l'honneur un Couci!
» Cette noble cité, boulevard de la France,
» Peut encor des Anglais défier la vaillance.
» Si ses murs ébranlés croulent de toutes parts,
» Ses citoyens armés défendent leurs remparts.
» L'amour de la patrie a doublé leur courage:
» Ils sauront au vainqueur disputer le passage...

» Qu'osez-vous proposer? se rendre. c'est trahir!....
» Mon poste est à la brèche et je veux y mourir....
» Allez des fiers Anglais implorer la clémence,
» Partez ; et de ces tours laissez-nous la défense.
» Depuis long-tems nos cœurs et nos bras affermis
» Ont appris à braver l'effort des ennemis.
» Le ciel combat pour nous.... Voyez loin du rivage
» Leurs vaisseaux dispersés et battus par l'orage, (34)
» Dont les flots soulevés entraînent les débris,
» Ouvrant un libre accès au pavillon des lys.
» Ce monarque puissant, des princes le modèle,
» Abandonnera-t-il une cité fidèle
» Qui, prête à succomber, fait un dernier effort,
» Et pour servir son roi se dévoue à la mort?»

Ainsi s'écrie Eurvin, la main sur son épée ;
Des braves Boulonnais l'espérance est trompée!
Couci ne répond rien. Sombre et silencieux,
Il rougit et s'éloigne en détournant les yeux.

Déjà des fiers Anglais s'avancent les cohortes;
Par l'ordre de Couci Boulogne ouvre ses portes : (35)
Ses vaillans citoyens, trahis et non vaincus,
Abandonnent ces murs par eux seuls défendus.
Ils vont braver l'exil, honteux de reconnaître

Les Anglais pour vainqueurs et l'étranger pour maître.
Les femmes, les vieillards, cédant aux coups du sort,
Tristes, mais résignés, s'avancent vers le port.
Suivi des échevins, comme au jour d'une fête,
Le front haut et tranquille, Eurvin marche à leur tête.
Vers les bords de la mer il dirige leurs pas,
Et déjà se prépare à de nouveaux combats.
Le cœur du Boulonnais, insensible à la crainte,
Rempli d'espoir en Dieu, ne forme aucune plainte.
Ces nobles exilés, fermes dans le malheur,
A la voix de leurs chefs, modèles de l'honneur,
Offrant au ciel leurs vœux pour leur Roi, pour la France,
S'éloignent de la ville et marchent en silence. (36)
Les uns dans les marais, épuisés, sans secours,
En proie à tous les maux, traînent leurs tristes jours:
Les autres dans les bois cachent leur faible vie,
Par la flamme, le fer et la faim poursuivie.
Soutenant sa compagne, expirant dans ses bras,
Le guerrier, l'œil éteint, invoque le trépas,
Et suit en gémissant les tribus fugitives.

Six fois l'or des moissons a couronné ces rives
Depuis que nos aïeux, conduits par le destin,
Sur les bords de l'Authie, au pied du Mont-Hulin,

Errans et dispersés, redemandaient sans cesse
L'objet de tant de vœux, d'amour et de tristesse.
Embrassant l'horizon, que de fois leurs regards
Se tournaient vers Boulogne et ses puissans remparts!
Cette noble cité vaillamment défendue,
Pour prix de leur constance, à la paix fut rendue.
Elle vit dans ses murs revenir ses enfans,
Après un long exil, heureux et triomphans. (37)
Qu'il était beau ce jour où la foule attendrie
Pressait d'un pied léger le sol de la patrie,
En contemplant ces tours, ces toits long-tems déserts,
Oubliait tant de maux, tant de tourmens soufferts,
Et bénissait le Roi dont la main paternelle
Ramenait sous son sceptre un peuple si fidèle!

Les fils des Boulonnais, chaque année, en ce jour,
De leurs braves aïeux célèbrent le retour.
Imitons leurs vertus. Au pied de la colonne,
Monument éternel que la gloire environne,
En ce jour solennel, mon fils, jure avec moi,
D'être toujours fidèle à la France, à ton Roi!

NOTES.

NOTES

HISTORIQUES.

1re.

C'est aujourd'hui saint-Marc, jour cher aux Boulonnais.

Le deux avril 1551, les habitans de Boulogne s'assemblèrent au son de la cloche du beffroi à l'abbaye Notre-Dame, pour rappeler à leurs magistrats, qui s'y trouvaient réunis, que le jour anniversaire de leur délivrance approchait, et qu'ils désiraient tous, d'un vœu unanime, qu'il fût institué une fête annuelle pour en perpétuer le souvenir.

On arrêta :

« Qu'en commémoration de la réduction et » conquête de la ville, faite par le Roi, on ferait, » chaque année, le 25 avril, jour de St. Marc, » une procession solennelle par la ville, durant » laquelle les cloches du beffroi seraient sonnées; » que les bourgeois et la garnison sous les armes

» borderaient la haie dans les rues où elle pas-
» serait; que l'on chanterait une grand'messe
» dans l'église Notre-Dame; qu'après la messe
» il serait fait une prédication pour faire en-
» tendre au peuple le grand bien qu'il avait plu
» à Dieu et au Roi faire aux habitans de la
» ville, de les remettre et restituer en leurs
» terres et possessions; et qu'ensuite, on brû-
» lerait sur la place un feu de joie. »

Cette solennité, consacrée ainsi par un acte authentique de l'administration, se célébra régulièrement chaque année jusqu'à la révolution. Elle cessa alors et ne fut rétablie qu'en 1814. Une heureuse coïncidence d'événemens, saisie à propos par l'autorité, lui donne actuellement un nouvel éclat et lui assigne un double but, celui de rappeler aux Boulonnais le noble courage et la fidélité de leurs pères, et celui de transmettre à nos descendans le retour heureux de Sa Majesté Louis XVIII dans ses états.

2me.

Je veux me reposer au pied de la colonne.

Au commencement de l'année 1803, une armée avait été rassemblée dans les environs de Boulogne pour une expédition contre l'Angleterre. Cette armée était composée de l'élite des officiers et des soldats qui depuis dix ans avaient porté dans toute l'Europe la gloire des armes françaises. Une institution, celle de la Légion d'honneur, fut créée pour récompenser leurs services : la première distribution des signes distinctifs de ce nouvel ordre militaire eut lieu le 16 août 1804, et l'armée arrêta qu'un monument durable serait élevé à ses frais, afin d'éterniser le souvenir de cet événement marquant. Ce fut le 19 novembre de la même année qu'on en plaça la première pierre, à cent toises environ de la route de Calais, dans la direction du Mont-Lambert. Cet édifice, dont l'exécution fut confiée à un architecte habile, consiste en une colonne colossale de 150 pieds d'élévation, d'un fort beau travail. Sa construction n'était point encore terminée au moment de la restauration; mais le gouvernement, sur les sollicitations de l'administration de la ville de Boulogne, décida qu'il serait achevé à ses frais; et pour en doubler le mérite, il arrêta qu'il serait consacré également à perpétuer le souvenir d'un événement bien plus important pour la France, celui du retour du Roi, qui, ayant débarqué à Calais le 25 avril 1814, passa à la vue de ce monument le 26.

3.me

Ils étaient tous humains, fidèles et vaillans;
Doux et bons dans la paix, terribles dans la guerre.

C'est le portrait que César fait des Gaulois, et quoique depuis la soumission du pays des Morins aux armes de ce conquérant, le sang des habitans de cette province se soit mélangé avec celui des Romains et des Francs, tour-à-tour nos maîtres, on le reconnaît encore dans leurs descendans. Les mémoires de ce tems attestent que les Boulonnais renfermés dans la place y déployèrent le plus grand courage et la plus rare intrépidité, et qu'ils eurent à soutenir souvent, presque seuls, tous les efforts des assiégeans, tandis qu'ils se trouvaient dans la nécessité de contenir une garnison indisciplinée, composée en partie d'étrangers.

4.me

Eurvin, le brave Eurvin, sous le titre de Maire.

On ignore l'époque de la naissance d'un homme à qui la ville de Boulogne aurait déjà fait élever une statue, si nos ancêtres avaient eu le soin de nous conserver ses traits. On sait seulement qu'il s'appellait Antoine Eurvin. Plusieurs historiens écrivent Desrüins et Euruins; mais l'habitude où l'on était alors de mettre l'*u* à la place du *v*, doit faire regarder le premier de ce noms comme le mieux orthographié.

Eurvin suivit de bonne heure la carrière du barreau. On le voit revêtu du titre d'avocat à la Sénéchaussée de Boulogne en 1541, époque où il fut élu Mayeur de la ville. Il occupait encore cette charge en 1544, lorsque l'armée anglaise vint investir la place ; et c'est seulement pendant le tems que dura ce siége célèbre, que les mémoires particuliers, écrits à cette époque, nous parlent de lui et nous font regretter de ne pas connaître davantage un de nos plus illustres magistrats, dont le nom mérite de passer à la postérité.

Eurvin n'était pas militaire : il n'avait même jamais vu de siége ; mais aussitôt que la place fut attaquée, on le vit, déployant le plus noble caractère, faire tout à la fois les fonctions d'un administrateur éclairé et rivaliser de courage et d'activité avec l'homme de guerre le mieux instruit.

Jusqu'aux premiers jours d'août, le gouverneur et la garnison avaient rempli leur devoir ; mais après l'attaque du 9, où le capitaine Philippe Corse reçut une blessure grave à la tête, la crainte de perdre un officier dont la bravoure inspirait aux assiégés la plus grande confiance, découragea la garnison et consterna les habitans.

Eurvin releva leur courage autant par ses discours que par ses actions. On le vit s'exposer dans les postes les plus périlleux, et engager Couci, dont on commençait dès-lors à se défier, à laisser aux Boulonnais la gloire de défendre seuls la place.

Après la mort du capitaine Corse, l'insubordination de la garnison augmenta beaucoup et rendit la position du maire infiniment critique. Il fallait d'un côté qu'il luttât contre cette garnison mutinée, composée en partie d'étrangers plus sensibles à l'appât du gain qu'à la voix de l'honneur, et que de l'autre, il pourvût à la défense de la place, dont la sûreté reposa dès-lors presqu'entièrement sur les bourgeois et sur les braves des environs qui s'y étaient renfermés volontairement à la première apparence du danger. Eurvin, digne de les commander, remplissait jour et nuit les fonctions d'un chef vigilant, actif et intrépide. Ses échevins, dont l'histoire malheureusement ne nous a pas conservé les noms, le secondaient de tout leur pouvoir.

La nuit du 2 au 3 septembre, la sédition des soldats fut poussée à son comble. On eut beaucoup de peine à déterminer les mutins à aller défendre l'ouvrage qui couvrait la porte Gayolle, lequel était vigoureusement attaqué par l'ennemi, dont les bourgeois soutenaient seuls les efforts redoublés depuis plusieurs heures. Un sentiment de honte fit revenir enfin la garnison d'un égarement aussi coupable; elle chercha même à effacer sa faute par un effort remarquable de courage, dont les Anglais ne tardèrent pas à sentir les effets.

Après le grand conseil de guerre convoqué par le gouverneur dans la nuit du 12 au 13 septembre, Eurvin fut promptement averti de son résultat par Jean de Pouques, seigneur d'Alinctun, qui blâmait ouvertement la capitulation près de se conclure. Cette nouvelle ne tarda pas à se répandre dans la ville; elle y occasionna la plus profonde tristesse. On court aux églises implorer la divinité; on se rassemble à l'hôtel-de-ville; et, après une courte séance, présidée par le maire, les Boulonnais jurent de nouveau de s'enterrer sous les murs de la place plutôt que de la rendre. Ce serment honorable fut signé, non-seulement par les hommes, tant en leur nom que pour ceux restés à la défense des remparts, mais encore par les femmes. On doit regretter vivement la perte du registre qui renfermait cet acte héroïque, unique peut-être en son genre. Crépicule, témoin oculaire, qui a écrit sur ce siége, assure que l'on avait soustrait ce manuscrit au vainqueur, et qu'il l'a vu à l'hôtel-de-ville après la rentrée des Français, en 1550.

Muni de cette délibération, Eurvin se hâta d'aller trouver le gouverneur pour lui faire

selle Jeanne de Henneveu, qui vivait encore en 1584. Sa fille Marie devint la femme de Jacques de Willecot : elle était veuve en 1590.

On ignore l'époque de la mort de ce digne magistrat, et il ne nous est pas plus permis d'espérer de voir un mausolée couvrir sa cendre, que de voir une statue nous rendre ses traits.

Eurvin souffrit beaucoup dans sa fortune, par suite du siége et des événemens malheureux d'une guerre qui fut si fatale au Boulonnais. La maison qu'il occupait en ville était située au coin de la rue de l'Oratoire et de celle qui la joint à la rue St.-Martin. Elle fut achetée des deniers de la ville en 1581, par François de Joigny, sieur Destrée, maire alors, pour en faire un collége, qui a été depuis converti en une prison.

Le Conseil municipal de Boulogne, jaloux de perpétuer le souvenir d'un nom si cher aux Boulonnais, vient d'arrêter que la rue où cette maison était située porterait désormais le nom de *Rue Eurvin*.

5me

François régnait alors sur le trône de France.

François I était monté sur le trône de France le 1er janvier 1515. Sa bravoure, sa libéralité, sa magnificence, la protection qu'il accorda aux sciences et aux lettres, ont donné à ce prince une réputation brillante : elle eût été plus solide, si son esprit chevaleresque ne lui eût fait entreprendre tant de guerres désastreuses, dont les résultats funestes se firent sentir si longtems à la France.

Ce monarque eut plusieurs entrevues avec Henry VIII, roi d'Angleterre, dans les environs de Boulogne. Celle du 7 juin 1520, qui se passa entre Ardres et Guînes, fut remarquable par la magnificence que déployèrent les deux rois, et la richesse des habits et des équipages de leurs courtisans et autres personnes de leurs suites. Plusieurs, dit Dubellay, y portaient sur leurs épaules leurs bois, leurs moulins et leurs prés. L'endroit où se fit cette réunion en conserve encore le nom de *Camp du Drap d'or;* et Holbein en peignit un tableau très-curieux, dont quelques gravures existent dans le pays.

C'est dans cette entrevue qu'Henry VIII proposa à François I de lutter : le défi accepté : Henry donna deux crocs-en-jambe à François, qui, les ayant esquivés adroitement, jeta son adversaire par terre, en lui faisant faire, dit Fleurange, un merveilleux saut.

Les deux monarques se virent encore à Marquise le 21 octobre 1532, et vinrent ensuite à Boulogne, où ils logèrent ensemble pendant plusieurs jours à l'abbaye Notre-Dame.

François I, quoique rival d'Henry VIII, parut en diverses occasions éprouver pour lui une estime que le caractère de ce roi ne semblait pas devoir lui inspirer : il le suivit de près au tombeau, frappé du pressentiment qu'étant de même âge, il ne devait pas s'attendre à lui survivre. Il n'eut pas la satisfaction de voir le drapeau français flotter de nouveau sur les tours de Boulogne, étant mort le 31 mars 1547 ; et la ville n'étant rentrée sous la domination française que le 25 avril 1550.

François I, dit Mézérai, eut des vertus éclatantes et des vices ruineux : c'est un portrait ressemblant fait d'un seul coup de pinceau.

6.me

Charles-Quint, Henry huit, tous deux s'étaient promis
De planter leurs drapeaux sur les tours de Paris.

Depuis le traité que les deux souverains (Charles V et Henry VIII) avaient conclu au mois de février de l'année précédente (1543), par lequel ils ne devaient avoir chacun que 25000 hommes, ils étaient convenus d'augmenter de beaucoup le nombre de leurs troupes, d'attaquer la France avec deux armées, qui devaient faire ensemble plus de 100,000 hommes, et de les joindre auprès de Paris.

RAPIN THOIRAS, *Histoire d'Angleterre.*
Tome 5, page 442.

7me.

Quand soudain se déploie aux champs de Beaurepaire
L'appareil menaçant de l'armée insulaire.

Beaurepaire était une ferme située sur le penchant d'une montagne dominant la ville au nord, non loin de la route de Calais, qui, à cette époque, passait par la Poterie et Auvringhen. L'endroit existe encore et a conservé son nom. Il y avait à côté un moulin à vent : c'est le premier point que les Anglais occupèrent le 17 juillet. Après avoir détruit la ferme et brûlé le moulin, ils firent niveler le terrain, élevèrent un retranchement revêtu d'un bon mur, et y établirent une batterie destinée à faire brèche à la tour Notre-Dame, principale défense du corps de la place de ce côté.

8me.

Vers Wimille et Dringhen, ses nombreux bataillons
S'étendent dans la plaine et couvrent les sillons.

L'armée anglaise, destinée au siége de Boulogne, avait débarqué à Calais au commencement de juillet. Elle prit sa direction par Marquise, où elle campa plusieurs jours; et dès le 17, quelques-uns de ses coureurs vinrent insulter la place.

Le vendredi 18 juillet, le duc de Suffolk s'avança avec une compagnie d'infanterie, une compagnie de cavalerie et deux pièces de canon pour reconnaître les dehors; il chassa du bois, dit la relation de ce siége, écrite par l'ordre d'Henri VIII, les voleurs et les pillards, ce qui prouve que la forêt de Boulogne s'étendait, à cette époque, fort près de la ville, sur la route de Calais.

Le samedi 19, le camp de Marquise fut levé et l'armée anglaise se dirigea sur Boulogne, en passant par Wimille, Auvringhen, la Poterie et Honvaut, pour venir couronner les hauteurs qui dominent la place : la droite s'étendit sur le Chemin-Vert, dans la direction de la Tour-d'Ordre; le centre se porta à Beaurepaire, Wicardenne, Maquetra et Dringhen, et la gauche occupa la Waroquerie, Bertinghen et Ostrohove.

Dringhen est une pointe saillante qui domine la ville à l'est; le village et l'église de St.-Martin, qui occupent le sommet de ce mont, n'existaient point alors. L'église dite de St.-Martin, restée hors de l'enceinte de Boulogne lors de son rétrécissement au 13e siècle, se trouvait encore, au tems du siége, à peu de distance du fer à cheval du château.

Les anglais établirent à Dringhen une de leurs batteries; ce fut leur principal point d'attaque, d'où ils dirigèrent leurs tranchées sur les dehors du château, et sur l'ouvrage qui couvrait la porte Gayolle et la tour Françoise.

9me.

Sur les riches revers de l'habit écarlate
L'argent en broderie avec orgueil éclate ;
Plus loin on reconnaît les fiers enfans d'Erin,
Aux longs cheveux épars, à la robe de lin.

L'armée anglaise était habillée et armée avec une espèce de luxe inconnu dans les autres armées de l'Europe, au tems où elle vint mettre le siége devant Boulogne; la cavalerie surtout était magnifique, car alors on faisait peu de cas de l'infanterie, dont on ne savait pas se servir aussi utilement que nous le faisons aujourd'hui: c'était assez ordinairement un assemblage d'aventuriers fort mal disciplinés.

Au rapport de Crépieule, une partie de la cavalerie légère anglaise portait encore des cottes de mailles et des tassêtes, espèces d'armures dont on ne devait plus retirer grande utilité depuis l'invention de la poudre à canon. Son uniforme était bleu bordé de rouge. La cavalerie de ligne était vêtue de rouge avec des revers jaunes; l'infanterie était également en rouge.

Ce qui paraissait le plus singulier dans cette armée, ajoute encore Crépieule, c'était un corps d'irlandais de mille hommes, ayant chacun une chemise de lin longue et étroite, recouverte d'un manteau. Ils avaient la tête nue, les cheveux épars : leurs armes consistaient en trois dards, une longue épée et une barre de fer d'une coudée de long, qu'ils tenaient dans la main gauche.

L'uniforme des pionniers, d'après Montluc, était en jaune et noir.

Mais ce qui effaçait tous les autres corps, pour la magnificence, c'était la garde du Roi. Le journal d'Henri VIII, en parlant de cette troupe, dit que la compagnie de cavalerie commandée par le duc d'Albuquerque portait des uniformes brodés en or : les chevaux de plusieurs cavaliers étaient même caparaçonnés.

Enfin, si l'on en veut croire Herbert, historien anglais, les voiles du vaisseau qui transporta le roi d'Angleterre de Douvres à Calais, le 14 juillet, étaient en toile d'or.

10me.

Boulogne ne comptait que quinze cents soldats.

La garnison se composait au moment de l'investissement de la place,

1° De 100 hommes d'armes à cheval, commandés par St.-Blimont et le baron d'Ordre;

2° De 500 hommes d'infanterie française, commandés par de Rély, seigneur d'Aix;

3° De 300 hommes d'infanterie française, commandés par de Lignon;

4° De 500 hommes d'infanterie italienne, commandés par le capitaine Philippe Corse;

5° De 100 canonniers environ.

Outre cette garnison, qui fit si mal son devoir, Boulogne comptait encore d'autres défenseurs: les Bourgeois en état de porter les armes formaient une milice guerrière bien organisée, que l'on peut évaluer, en proportion de la population d'alors, à 1000 hommes.

Les gentilshommes du pays qui s'empressèrent d'accourir au secours de la place avec une partie de la population des campagnes envahies par l'ennemi, peuvent également être évalués à 200 hommes de pied et 50 chevaux, à quoi il faut ajouter le renfort de 300 italiens introduits dans la place le 19 août par le capitaine d'Inourt.

Ces diverses troupes étaient armées d'arquebuses à crocs et à mèches, d'arbalètes, de piques et de lances, ainsi qu'il était d'usage alors.

En additionnant toutes ces forces, on trouvera qu'elles s'élevaient à environ 3000 hommes; supputant ensuite la perte qu'elles durent éprouver pendant un siége aussi opiniâtre, on verra qu'au moment de la capitulation ces forces étaient réduites à environ 2000 hommes : ce qui se trouve concorder avec le récit des écrivains anglais, qui disent positivement que les hommes de guerre de la ville qui défilèrent devant le roi d'Angleterre après la capitulation, étaient au nombre de deux mille environ.

11me.

Coucy les commandait.....

Jacques de Coucy, premier du nom, seigneur de Vervin et de Chemery, descendait de l'ancienne maison de Coucy, par Thomas de Coucy, chef de la deuxième branche. D'abord capitaine de 100 chevau-légers, puis commandant de 1000 légionnaires de Picardie, il s'était trouvé en 1515 à la bataille de Marignan, et en 1524 à celle de Pavie. Il défendit Landrecy, dont il était gouverneur en 1543, contre toutes les forces de Charles-Quint, qu'il obligea d'en lever le siége. Il était aussi lieutenant de la compagnie d'hommes-d'armes du maréchal Dubiez, dont il avait épousé la fille, et qui crut pouvoir lui offrir une nouvelle occasion d'acquérir de la gloire en lui confiant la défense de Boulogne en 1544 : il était alors âgé de 48 ans.

On blâma, il est vrai, le maréchal Dubiez d'avoir préféré de s'enfermer dans Montreuil, dont la prise eût été de peu d'importance pour la France, au lieu de veiller par lui-même à la conservation d'une place telle que Boulogne. Il serait injuste de vouloir confirmer un semblable jugement après l'évènement et sans connaître les motifs particuliers qui ont pu déterminer ce général à en user ainsi. Il est plus équitable au contraire de reconnaître qu'en laissant un commandement aussi important à son gendre, le maréchal Dubiez n'avait rien négligé pour le mettre à-même de justifier son choix. En effet, la place avait été approvisionnée par ses soins pour quatre mois; ses fortifications, très-étendues à cette époque, se trouvaient en bon état. L'artillerie, quoique peu nombreuse, était suffisante; car on ne savait point alors en tirer tout le parti qu'on en tire actuellement. La garnison n'était pas considérable, mais les habitans passaient pour être braves et aguerris. Enfin, le maréchal Dubiez avait laissé à son gendre d'excellens officiers, dont la plupart se firent tuer sur les brêches, entr'autres le capitaine Philippe Corse, qui avait le commandement en second.

Coucy ne répondit point à l'attente de son beau-père : on le voit se conduire pendant toute la durée de ce siége, plutôt comme un homme sans expérience ou un chef infidèle, que comme un militaire d'une réputation déjà établie dans plus d'une action périlleuse; et il est vraisemblable que sans la fermeté du brave capitaine Corse et les exhortations énergiques d'Eurvin, il n'eût pas tenu aussi long-tems. Il rendit enfin la place, ayant encore des provisions de bouche et des munitions de guerre pour six semaines, contre le vœu de plusieurs de ses officiers qui ne voulurent point signer la capitulation, et malgré l'opposition formelle des habitans, qui risquaient bien plus que lui de prolonger la défense.

Quelques années après, on fit le procès au maréchal Dubiez et à Coucy par l'ordre d'Henri II, et à l'instigation du connétable de Montmorency, qui passait pour être leur ennemi. Il y fut établi que la ville de Boulogne avait été rendue par trahison; que le gouverneur, au lieu d'être au rempart, se tenait caché; qu'il avait vendu la poudre à vil prix, qu'il avait reçu 150,000 nobles à la rose* des anglais, dont 40,000 lui furent envoyés secrètement chez lui bien long-tems avant la capitulation; qu'il avait fait tuer le capitaine Philippe Corse sur la brêche, pour se défaire d'un surveillant incommode, qui commençait à soupçonner sa trahison; enfin, on lui fit encore un crime de ce qu'à l'entrée d'Henri VIII à Boulogne, ce prince lui donna de grandes marques d'amitié.

Coucy fut jugé par des commissaires et décapité à Paris au mois de juin 1549. L'arrêt portait que son corps serait mis en quatre morceaux pour être exposés sur les remparts des principales

* *Roose-Nobel*, monnaie d'or dont on faisait usage en Angleterre depuis Edouard III. *Encyclop.*

places fortes du Boulonnais, ce qui fut exécuté.

Cinq ou six ans après sa condamnation, trois des témoins qui avaient déposé contre lui furent impliqués dans une autre affaire, et pendus comme faussaires. Cet incident, dont profitèrent sa famille et ses amis, parut suffisant pour provoquer la révision de son procès : toutefois, ce ne fut qu'en 1575, et sous le règne d'Henri III, que la mémoire de Coucy fut réhabilitée. On grava sur son tombeau en marbre élevé dans l'église de Vervins sa condamnation et sa réhabilitation, avec ces mots :

« Vixi non sine gloriâ, migravi non sine invidiâ. »

Coucy a influé d'une manière trop marquante sur les destinées de la ville de Boulogne, pour que nous ne nous arrêtions pas encore un peu sur ce qui le concerne. D'ailleurs son procès, sa fin malheureuse et la réhabilitation de sa mémoire, ont excité un si vif intérêt par toute la France, que, malgré le jugement solennel qui l'a condamné, l'opinion publique est restée indécise à son égard : il convient donc de chercher à la fixer d'une manière invariable en exposant avec impartialité les témoignages des divers historiens qui ont parlé de lui.

Mézérai le représente comme un jeune homme sans courage et sans expérience, à qui quelques coups de canon firent tourner la tête.

Dubellay, historien véridique et très-exact, tenait de la bouche même de Coucy que, sans le courage du capitaine Corse, il n'eût pas tenu aussi long-tems. Il qualifie Coucy d'homme peu expérimenté, qui rendit la place après quelque forme d'assaut.

Montluc, brave guerrier et écrivain judicieux, dont l'opinion doit être d'un grand poids dans cette affaire, puisqu'il était de l'armée du Dauphin qui arriva malheureusement trop tard pour sauver la ville, écrit qu'il a connu particulièrement Coucy, ainsi que les lieux où ce malheureux événement s'est passé. Il assure positivement que ce gouverneur rendit lâchement la place qu'il était chargé de défendre.

Duhaillant qui donne des détails assez étendus sur le siége de Boulogne, d'après Arnoul Leféron, dit aussi que cette place fut livrée aux Anglais par la lâcheté ou la perfidie de son gouverneur. Il est d'autant plus porté à croire à sa perfidie que, lors de l'entrée des Anglais dans la ville, ils eurent de grandes attentions pour Coucy, tandis qu'ils traitèrent inhumainement ses officiers, la garnison et les habitans.

Crépieule, Boulonnais, témoin oculaire, qui a laissé des mémoires manuscrits sur le siége, accuse hautement le gouverneur de pusillanimité et de trahison.

Morin, prêtre également Boulonnais et témoin oculaire, de qui nous avons un poëme en vers gothiques, naïvement burlesques, dans lequel on trouve des détails curieux sur les opérations du siége, parle aussi de Coucy; malheureusement le manuscrit de ce poëme, tel qu'il est parvenu jusqu'à nous, a été défiguré peut-être avec intention à l'endroit précisément où l'auteur exprime son indignation contre les larrons qui, dit-il, gouvernaient la ville et vendaient frauduleusement la poudre à 12 sous la livre, de manière que l'on ne peut affirmer positivement que Coucy soit un des larrons; mais on peut d'autant mieux le présumer, que c'est un des chefs d'accusation de son procès.

Enfin, David Hume, historien anglais, traite Coucy de lâche, et dit qu'il paya de sa tête une conduite aussi déshonorante.

Quel que soit donc le désir que l'on pourrait avoir de ne regarder Coucy que comme la victime d'une vengeance odieuse de la part du connétable de Montmorency, ou celle de l'amour-propre blessé du souverain; quelles que soient les observations qu'il serait possible de faire sur les diverses opinions émises par plusieurs des écrivains précités, qui ont pu se tromper en se copiant mutuellement; enfin, quelle que soit la force de la chose jugée en dernier lieu, et qui paraît se fonder sur la découverte de plusieurs faux témoins qui purent égarer l'opinion des premiers juges, on ne peut s'empêcher de conserver des soupçons très-bien fondés sur la lâcheté et la trahison de Coucy, et de trouver de bonnes raisons pour démontrer qu'il y a plus de motifs pour croire que la réhabilitation est due à la faveur, qu'il n'y en a de penser que la condamnation doive être attribuée à la haine.

Nous terminerons cette note par l'exposé de quelques faits peu connus, qui serviront à confirmer notre opinion.

Crépicule, en parlant des gentilshommes français qui se renfermèrent dans la place à l'approche des anglais, cite entr'autres Robert de Framezelles et Jacques de Framezelles, commissaire des guerres, en indiquant ce dernier comme un des officiers qui traitèrent de la reddition de la place; mais d'accord en cela avec d'autres historiens, il ne place l'ouverture des négociations qu'au 13 septembre.

Le journal du siége de Boulogne, écrit en anglais par l'ordre d'Henri VIII, et que l'on trouve dans le recueil volumineux des actes de Rymer, pièce très-curieuse et peu connue, s'exprime ainsi :

« Mercredi 30 juillet, Richmond, hérault,
» amena de la part du duc de Norfolk, un

» gentilhomme nommé Jacques de Framezelles,
» avec un trompette; ils demeurèrent l'un et
» l'autre dans le camp du duc de Suffolk avec
» M. Palmer, jusqu'au vendredi après midi.

» Vendredi premier août, ledit Jacques fut
» admis en la présence du roi, auquel il désirait
» parler en faveur de sa femme, qui se trouvait
» alors dans la ville de Boulogne. »

C'est le 26 juillet que Henri VIII arriva au camp de Boulogne, et déjà, le 30 un officier dont la présence dans la place est bien constatée avant son investissement, vint parlementer. L'écrivain anglais déguise à la vérité les motifs du voyage de cet officier en le faisant arriver de Montreuil avec un trompette pour parler en faveur de sa femme, raison un peu faible pour justifier une entrevue particulière avec le roi. Cette ruse, destinée à donner le change sur une négociation secrète, est digne de remarque : elle est bien dans le caractère d'Henri VIII. M. Lefebvre, historien de Calais, qui, pour la composition de son ouvrage, a consulté tant d'autorités différentes, et entr'autres Rymer, est aussi de ce sentiment.

Une autre observation que l'on ne peut également s'empêcher de faire, après avoir lu d'un bout à l'autre le journal anglais du siége de Boulogne, c'est que le rédacteur semble affecter de ne pas y prononcer une seule fois le nom de

Coucy, ce qui paraît d'autant plus étrange qu'on y parle de plusieurs de ses officiers.

On peut conclure de ces nouveaux éclaircissemens qu'il y a eu des pourparlers très-secrets entre Coucy et le roi d'Angleterre, six semaines avant la reddition de la place, et qu'il n'est pas hors de vraisemblance que le gouverneur se soit laissé séduire par l'or des Anglais. Ainsi, dans cette hypothèse, sa condamnation ne paraît plus un effet de la haine du connétable qui, par devoir, était obligé de poursuivre le coupable, et sa réhabilitation pourrait être attribuée aux sollicitations pressantes de sa famille, sur laquelle pesait un préjugé fort puissant alors, et à celles de la noblesse française sur laquelle il semblait aussi rejaillir.

12me.

Les seigneurs d'Alinctun, de Ferque et de Wierre.

Jean de Pouques, seigneur d'Alinctun, s'opposa de tout son pouvoir à la capitulation honteuse que Coucy s'apprêtait à conclure : ce fut lui qui en avertit Eurvin en sortant du conseil de guerre tenu par l'ordre du gouverneur la nuit du 12 au 13 septembre. La fidélité de ce brave officier fut récompensée quelques années après par la place de gouverneur du fort de Mont-Hulin.

Antoine Costard, seigneur de Ferque et de

Wierre-Effroi, se distingua par la bravoure qu'il déploya à la défense des brèches. Il fut tué dans un des assauts donnés au Château, le 3 septembre, du même coup de canon qui emporta Mathieu Rose, écuyer, seigneur de Bois-Bernard.

13me.

La vieillesse pesante et le sexe timide
Déployaient sur la brèche un courage intrépide.

L'insubordination de la garnison, augmentée sans doute par la pusillanimité du gouverneur, fut enfin poussée au point que les soldats refusèrent de garnir les postes où la défense de la place les appelait. Eurvin se vit dans la nécessité d'accepter les services des vieillards, des femmes et même des enfans, qui, plusieurs fois depuis le commencement du siége, s'étaient offerts courageusement pour en partager les dangers : tous rivalisèrent de zèle et de courage, et furent d'un grand secours.

14me.

Bonnet et Rougegrès qui, par d'adroits détours,
Font entrer dans la ville un important secours.

Plusieurs tentatives que St.-André, marquis de Fronsac, avaient faites pour introduire par mer du secours dans la place, n'eurent aucun succès : on chercha à le faire entrer par terre et l'entreprise réussit.

Le 19 août, à la pointe du jour, 300 italiens commandés par le capitaine d'Incourt, et dirigés par un ecclésiastique nommé Rougegrès, et Jean Bonnet, tous deux de Boulogne, passèrent la Liane à marée basse, auprès de Brequerecque : ils trompèrent les védettes anglaises en leur parlant anglais, et parvinrent à s'introduire dans la place au moyen des échelles que les bourgeois appliquèrent à leurs murailles du côté de la portes des Degrés, sans autre perte que celle d'un enseigne et d'un domestique, qui ne se hâtèrent point assez.

Le journal d'Henri VIII rend compte de cet événement d'une autre manière.

« Le mardi 19 août de bon matin, dit l'écrivain » anglais, une troupe choisie de Français entra » dans la ville ; ils étaient au nombre de 100 » hommes et plus : il y en eut 65 de tués. Ils » avaient à leur tête un ecclésiastique qui fut pris, » ainsi que les chevaux qui les avaient amenés » d'Hesdin. Deux anglais en védettes, qui n'a» vaient pas fait leur devoir en cette occasion, » furent pendus. »

Il est inutile de faire remarquer que cette version, quant à l'importance du secours introduit dans la place, ainsi qu'à la prise de l'ecclésiastique et à la perte des 65 hommes tués, ne s'accorde pas avec celle de assiégés. Il est facile de reconnaître les motifs qui ont engagé les anglais à diminuer le mérite de cette action courageuse, et qui a si heureusement réussi.

15me.

Graindor, Level, Blondin, qui périt sur la brèche.

Mathieu Graindor, ou Graindorge, était de Wimille : il servait comme volontaire ; on croit qu'il ne mourut pas de la blessure qu'il reçut à l'attaque du château le 15 août.

Thomas Level, également volontaire des environs, dont le nom est encore très-connu dans le pays, fut atteint d'un boulet le 25 août, en défendant courageusement la brèche.

Morin-Guillain Blondin, habitant de Boulogne, et faisant partie d'une des compagnies de la bourgeoisie, avait fait de grands approvisionnemens en bois, pierres et autres matériaux pour la construction d'une maison qu'on allait commencer : il les offrit généreusement à Eurvin, qui les fit servir à réparer les brèches.

On regrette de voir ce brave homme victime de son courage : il fut tué à l'attaque du fer à cheval du château le 30 août. Ses héritiers reçurent par la suite une gratification du roi.

16me.

Gin, Lefebvre, Fournier percé d'un coup de flèche.

Gin-Leprêtre fut tué d'un coup de fauconneau le 29 juillet.

Jean Lefebvre était de la compagnie de Caulaincourt : il fut tué d'un trait ferré, le 23 août, ce qui ferait supposer que, malgré leur artillerie, les anglais avaient encore des machines de guerre à ce siége ; mais il est probable que Morin, qui raconte ce fait, a voulu parler d'une flèche. Les assiégeans et les assiégés avaient des archers et des arbalétriers.

Fournier périt à l'attaque du 28 août, ainsi que Jean Morel : ils étaient tous deux de la compagnie de Jean Poque de la Lancherie.

17me.

Tant d'autres dont les noms et les faits éclatans
Restent ensevelis dans l'abîme des tems

Combien il est à regretter de ne pouvoir offrir à l'admiration des Boulonnais les noms de tous les braves qui prirent part à ce siége mémorable : essayons cependant d'en arracher encore quelques-uns de la nuit des tems.

Après les noms déjà signalés à la reconnaissance publique, nous trouvons encore dans les manuscrits de cette époque ceux qui suivent :

De Cornehotte, officier distingué, se trouvait dans la Tour-Françoise le 5 septembre, avec de Lignon, au moment où les anglais essayèrent de la faire sauter : il y fut blessé grièvement.

Le baron d'Ordre, ancien militaire, capitaine de 100 hommes d'armes, faisait partie de la garnison avec la moitié de sa compagnie.

Le capitaine De la Loge, qui, étant dans la Tour-Notre-Dame, eut les jambes emportées et mourut de ses blessures.

Le capitaine Jean Poque de la Lancherie fut frappé à côté du capitaine De la Loge, et mourut également.

Le capitaine de Lescade tua de sa main deux anglais dans une sortie faite le 11 août, en dehors de l'ouvrage nommé le Moineau, qui couvrait la porte des Degrés.

Le capitaine d'Incourt, commandant les 300 italiens qui furent introduits si habilement dans la place le 19 août.

Guy de la Rivière, seigneur de Neufchâtel, officier de la bourgeoisie, tué par une bombe le 17 août.

Joachim de Bécourt, officier de la bourgeoisie.
Louis de Lys, id.
Jacques Decluze, id.
Robert de Framezelles, id.

Michel Dubar, ecclésiastique, de service à la

brèche le 11 septembre, y fut tué en la défendant courageusement.

Raulet, maître canonnier, tué en pointant sa pièce à la batterie de la Tour-Françoise le 22 août.

Layent, canonnier, tué d'un coup de fauconneau le 11 août, en servant sa pièce au rempart St.-Martin.

Maître Pierre, chirurgien du Wast, tué d'un éclat de bombe à la défense du château le 31 août.

Noël-Coquerel, bourgeois, tué d'un coup d'arquebuse le 4 septembre.

Perrotin Morin, bourgeois, eut l'épaule emportée d'un coup de canon le 29 août, et mourut de sa blessure.

Enfin, Boningue, de Wimille, dont le nom subsiste encore dans cette commune, fut blessé à l'œil lors de l'attaque du château le 21 août.

Nous ne pouvons pas dans cette liste honorable mettre sur la même ligne les noms des officiers qui ont contribué de quelque manière que ce soit à la reddition de la place, mais l'impartialité nous oblige de faire connaître jusqu'à quel point ils peuvent avoir perdu la confiance et l'estime de leurs concitoyens, en citant les faits qui les concernent.

De Pontoise était un officier de la garnison, qui fut envoyé en second lieu pour dresser les articles de la capitulation au camp du duc de Suffolk : son nom néanmoins n'y est pas repris, et il ne fut pas poursuivi lors du procès de Coucy.

De Caulaincourt était capitaine d'une compagnie de la garnison ; il se distingua dans le cours du siége. On regrette qu'il ait pris part à la négociation qui amena la reddition de la place. Il faillit d'être massacré par le peuple en rentrant en ville après s'être acquitté de sa mission, ainsi que les autres envoyés, et reçut même un coup de flèche dont il fut blessé.

De Lignon commandait 500 hommes de pied de la garnison. Dubaillant et plusieurs autres historiens le dépeignent comme un jeune homme sans expérience, qui contribua beaucoup par ses conseils et sa conduite à augmenter la pusillanimité du gouverneur. Cependant la vérité exige qu'on fasse connaître que cet officier était de la sortie qui eut lieu le 11 août, et qu'il y tua un Anglais de sa main ; il éventa la mine dirigée sous la Tour-Françoise le 5 septembre, et y fut blessé grièvement à côté de Cornchotte.

Jacques de Framezelles, frère de Robert, était commissaire des guerres de la place : dès le 30 juillet il fut envoyé au camp du duc de Suffolk et obtint une entrevue du roi d'Angleterre. Quoiqu'on ait cherché à déguiser le véritable motif de cette entrevue, on n'en est pas moins persuadé que les pourparlers pour la reddition de la place datent de cette époque. Jacques de Framezelles est compris dans la capitulation qu'il signa : on ne sait s'il fut impliqué dans le procès contre Coucy.

Nicolas de St.-Blimont, ancien soldat, porte-enseigne du Maréchal Dubiez, faisait partie de la garnison avec la moitié de sa compagnie de 100 hommes d'armes : on regrette que ce vieux militaire, qui passait pour un homme brave, ait pu conseiller une lâcheté et aider à l'exécuter. Il fut un des négociateurs de la capitulation, où son nom est repris. Gravement compromis dans le procès de Coucy, il fut arrêté et mourut en prison : ses biens furent confisqués et sa mémoire flétrie; mais elle fut réhabilitée depuis avec celle des autres accusés.

François de Réty, seigneur d'Aix, jeune homme sans expérience, au dire des écrivains du tems, contribua beaucoup à la reddition de la place, tant par ses conseils et son influence sur l'esprit du gouverneur, que par ses négociations. Son nom est repris dans la capitulation : enveloppé dans la disgrâce de Coucy, il fut décapité en effigie à Paris, en 1549, et sa mémoire réhabilitée depuis.

18me.

On voit sur la Tour-d'Ordre, ô surprise! ô douleurs!
La pavillon anglais déployer ses couleurs.

La Tour-d'Ordre fut rendue après une faible résistance le 22 juillet, par Jean-François Bonos, qui y commandait. Ses fortifications consistaient alors en quatre petits bastions de briques rouges, dont on voit encore quelques restes, et un large fossé qui en rendait les approches difficiles. Sa garnison n'était que de 40 hommes; mais elle avait des provisions pour six semaines, et aurait pu tenir plus long-tems.

Quelques historiens ont placé au 26 juillet la reddition de la Tour-d'Ordre, mais c'est une erreur. Le journal d'Henri VIII dit que ce fut le mardi 22 juillet que ce poste, qu'il appelle la Tour du Guet, se rendit au duc de Suffolk après qu'on eut braqué un canon de plus à la batterie dressée pour y faire brèche. Il en sortit, d'après le même journal, 14 hommes et un enfant qui furent échangés contre des anglais faits prisonniers dans les premières sorties.

Suivant Duhaillant, la garnison de la Tour-d'Ordre était de 20 hommes, qui furent tous tués: son commandant s'appelait Jean Lefin, Boulonnais.

Nous avons suivi le sentiment de l'historien de Calais, et nous pensons que ces différentes versions peuvent s'accorder entr'elles; car il a dû être encore possible à une partie de la garnison de s'échapper par la côte à mer basse, et même de rentrer dans la place.

19me.

Ils se rendent en foule au temple de Marie.

L'image de la Vierge se trouvait dans l'église de l'abbaye Notre-Dame, depuis érigée en cathédrale; les habitans avaient une très-grande confiance à cette image, et s'empressaient d'y faire leurs dévotions, surtout dans les momens les plus critiques. La tour qui servait de clocher à cette église, et qui était assez élevée, formait un point de mire pour les canonniers Anglais, qui finirent par l'abattre. Les cloches tombèrent sur la voute, qui n'en fut pas endommagée. Plusieurs bombes pénétrèrent dans l'église, et une d'entr'elles tomba, le 15 août, tout près de l'autel, sans tuer ni blesser personne, quoiqu'il s'y trouvât une grande réunion de fidèles.

20me.

Dans son étroite enceinte, autrefois resserré,
Et de fossés profonds vers le sud entouré,
Boulogne offrait par-tout un double mur de roche;
Des tours aux quatre coins en défendaient l'approche.

César ayant besoin d'une place forte pour

garantir ses conquêtes dans la Morinie, désigna à Q. Pedius l'endroit où il voulait qu'elle fût placée : c'est celui qu'occupe actuellement la haute-ville, dont l'assiette, environnée de trois côtés par la mer, était alors très-forte. Il préféra cet emplacement à celui de l'île Gésoriac, sur laquelle s'est élevée la basse-ville.

Pedius fit tracer l'enceinte de la nouvelle ville l'an 49 avant l'ère chrétienne, et employa les Morins à mettre en œuvre les matériaux que fournissait abondamment leur pays ; et comme il était de Bologne en Italie, il prit cette ville pour modèle et en donna le nom et la forme à celle qu'il construisait.

Voilà l'origine de Boulogne, qui devint en peu de tems très-considérable sous les romains, puisque 23 ans après sa fondation, elle était déjà la principale ville de la Morinie.

Claude, à qui les Gaules doivent le Platane, l'abolition de la religion des Druides et une belle voie romaine, en fit le principal arsenal de sa Marine en l'année 43 de notre ère.

Carausius en augmenta considérablement les fortifications en 289, lors du siége qu'il y soutint contre Constance Chlore.

Constantin, après avoir vaincu les Francs en 307, y tint sa cour, et plusieurs de ses successeurs l'imitèrent. Le palais des Césars qu'ils habitaient, était placé au haut de la rue des Pipots.

Julien y fit rétablir dans toute sa splendeur, en 362, un temple dédié à Mars, qui avait servi aux chrétiens sous Constantin, et sur les ruines duquel saint Omer érigea plus tard l'église de St.-Martin. Le point où ce temple était situé, et qui formait l'extrémité de la ville du côté de l'est, montre combien elle devait être considérable à cette époque.

Les Francs et les Saxons s'emparèrent de Boulogne en 416, et dévastèrent cette ville complètement.

Attila l'attaqua en vain en 449.

Charlemagne y vint en 810 et 811 pour faire mettre la place et la côte en état de défense contre les barbares.

Les Normands la prirent d'assaut en 881 après avoir défait, dans les environs de Wimille, le corps d'armée qui couvrait la place. Le courage des habitans ne put la sauver d'une destruction totale : eux-mêmes furent passés au fil de l'épée, et les édifices et les murailles entièrement détruits.

Erkengep, gouverneur du Boulonnais, la fit réparer et fortifier en 918.

Philippe, comte de Boulogue, fit construire

les remparts actuels, en 1231, qui diminuèrent beaucoup la ville du côté du sud. Il éleva en même tems le Château sur les ruines d'un ancien fort, et fit établir autour de la place de larges fausses-brayes, qui formaient partout comme un double rempart, gardé la nuit par des chiens : le tout fut environné d'un fossé profond. On appelait alors cette ville, Boulogne la Haute-Murée.

Henri VII, roi d'Angleterre, l'assiégea en vain en 1491.

Les fortifications furent augmentées, en 1506, de l'ouvrage dit le Moineau, qui couvrait la porte des Degrès. En 1522, on répara la tour Gayëte, qui dominait la basse-ville et les trois ouvrages avancés qui couvraient les portes Gayole, Flamengue et des Dunes. Le gouverneur Lafayette, par ordre de François I, fit construire les tours Notre-Dame et Françoise, qui défendaient les angles nord et sud de la place. Les dehors furent augmentés, surtout ceux du Château, qui s'étendirent, au moyen d'un grand ravelin, jusqu'au pied de la montagne. On pratiqua autour des fossés de larges chemins couverts, avec des places d'armes, et on appliqua à cette augmentation de défense les règles de la nouvelle méthode de fortifications, que l'invention de l'artillerie avait rendue indispensable.

21me.

Au pied de ces remparts d'où ton œil enchanté
Plane aujourd'hui, mon fils, sur une autre cité.

La basse-ville est l'ancienne île Gésoriac, que César trouva occupée par des pêcheurs, à son arrivée dans la Morinie. Son étendue, alors très-bornée, se dessinait entre la mer et la base du côteau qui supportait Bononia, que Q. Pedius fit bâtir : il est difficile sans doute de se faire maintenant à l'idée que la mer séparait autrefois la haute et la basse-ville par une espèce de canal; mais outre le passage de Florus, cité par M. Henri, qui fait connaître que Drusus, par l'ordre d'Auguste, fit construire, la 9e année avant J.-C., plusieurs ponts pour faire communiquer les deux villes ensemble, il est certain qu'au 12e siècle la basse-ville portait encore le nom d'île St.-Laurent, et que ce n'est qu'au commencement du 16e siècle qu'on la voit qualifiée du nom de Menu-Bourg: la grande rue actuelle se nommait alors grande rue du Bourg. L'église St.-Nicolas n'était dans l'origine qu'une petite chapelle dédiée à St.-Pierre, et bâtie en 275 par Fuscien et Victoric, sur les bords de la Liane. Le comte Philippe de France la fit agrandir en 1231, et y fit construire, pour sa défense, une tour fort élevée : c'est le plus ancien monument de la basse-ville.

Au rapport d'Arnoult Leféron, la basse-ville n'était, lors du siége, qu'une bourgade ouverte de tout côté et sans défense. La mer battait au pied du couvent des Cordeliers : il devait cependant y avoir déjà quelque forme de clôture du côté du nord, puisque Montluc, lorsqu'il vint donner la camisade à Boulogne, peu de tems après sa reddition, parle, dans ses mémoires, de plusieurs brèches faites à cette clôture, et par lesquelles il entra dans la basse-ville avec les troupes qu'il commandait. Quoi qu'il en soit, ce ne fut qu'en 1554 que les murs d'enceinte, dont nous voyons encore les vestiges, furent construits par le baron de Morvillers.

22me.

.... Hélas! dans quelques heures
Le feu dévorera ces paisibles demeures.

Ce fut le 19 juillet, au rapport des écrivains français, que les Anglais attaquèrent la basse-ville : les assiégés l'abandonnèrent et y mirent le feu en se retirant; comme elle était toute ouverte, ils n'eurent pas beaucoup de peine à s'en emparer : ils parvinrent à éteindre l'incendie. Duhaillant dit que le feu s'étendit depuis la porte des Dunes jusqu'à l'église St.-Nicolas, et se prolongea jusqu'au couvent des Cordeliers. Les anglais fortifièrent le bourg et y mirent garnison : ils y firent beaucoup de butin, qui servit à ravitailler leur flotte. Il leur était très-essentiel de se rendre maîtres du port pour assurer leurs communications par mer et compléter l'investissement de la place.

Le journal de Henri VIII, qui place cet évènement au 21, en rend compte en ces termes :

« Le lundi 21 juillet, dans l'après-midi, la » basse-ville fut surprise, et les Francais, après » avoir essayé d'y mettre le feu, furent repoussés » jusqu'aux portes de la haute-ville : ils laissèrent » après eux une quantité prodigieuse de sel, de » poix, de goudron, et autres marchandises » évaluées à une somme considérable, qu'ils ne » purent emporter étant serrés de trop près par » nos troupes, et nos vaisseaux bloquant l'entrée » du Hâvre. »

23me.

L'asile révéré des fils de saint François.

Le couvent des Cordeliers, détruit depuis la révolution, était placé à l'angle occidental de l'île Gésoriac ou St.-Laurent, sur laquelle s'est élevée la basse-ville : c'est le point où les rues

Siblequin et Neuve-Chaussée se rencontrent actuellement. L'établissement des Cordeliers à Boulogne remontait à 1443 ou 1444 : à l'époque du siége il formait encore la limite de la basse-ville de ce côté. Les Anglais fortifièrent ce couvent en 1545, pendant qu'ils occupaient Boulogne, afin de battre l'entrée du port et de protéger l'entrée et la sortie de leurs bâtimens. Les fortifications qu'ils y avaient élevées furent démolies à la rentrée des Français dans la place.

24me.

Courbé, silencieux, dans l'ombre, le mineur.

Dès le commencement du siége, les anglais cherchèrent à miner sur divers points les ouvrages avancés de la place. La plupart de leurs travaux furent rendus inutiles par l'exacte surveillance des assiégés, qui éventèrent successivement plusieurs de leurs mines, et tuèrent les mineurs dans les galeries : une de ces mines fut néanmoins poussée fort avant sous la tour Françoise, qui flanquait l'angle sud de la ville, mais elle fut rencontrée par une contre-mine que le capitaine de Lignon y fit pratiquer. Les anglais, qui comptaient la renverser d'un seul coup, avaient disposé une forte colonne d'attaque pour pénétrer immédiatement dans la place par la brèche, mais lorsqu'ils eurent mis le feu aux poudres (le 4 septembre) ils furent étrangement surpris de voir la tour, quoique violemment ébranlée et fendue du haut en bas, rester de bout sur ses fondemens : ils furent alors obligés de se retirer honteusement au bruit des huées et des arquebusades des assiégés.

Le 11 septembre, ils tentèrent encore de faire brèche au Château, par l'explosion d'une autre mine qu'ils étaient parvenus à y pratiquer. Henri VIII s'était placé sur la hauteur voisine, avec le comte de Surrey, pour jouir sans danger de ce spectacle, mais l'effet en fut très-médiocre, et les éclats blessèrent même plusieurs Anglais.

25me.

Tu tombes, Dewinter, sous les yeux de ton maître.

Le 25 juillet, les assiégés firent une sortie pour s'opposer aux approches des assaillans, qui commençaient à développer leurs travaux d'attaque dans la direction de l'est. Le capitaine Philippe Corse, qui commandait le détachement de la garnison chargé de faire cette opération, sortit sans bruit par la porte dite de Secours, qui communiquait du fer à cheval du Château aux ouvrages avancés de ce côté, et tomba à l'improviste sur les Anglais, qu'il parvint à chasser de leurs tranchées après leur avoir fait éprouver une assez forte perte : c'est dans cette escarmouche que le frère du lord Dewinter fut tué, en défendant ce point.

Outre Dewinter, les Anglais perdirent encore à ce siége une foule de bons officiers, entre autres, Huberdyn, qui fut tué d'un coup de hache d'armes, en faisant une reconnaissance dans les environs de la Tour-d'Ordre; Williams Burg, inspecteur de Calais,.qui fut tué dans la tranchée le 21 août; Christophe Moore, qui reçut un coup de crosse de fusil dans la poitrine le 3 septembre: c'était lui qui avait tué le pauvre Raulet, canonnier de la place, au moment où il pointait sa pièce le 22 août.

Goddolphin, Harper et Culpeper furent blessés dans la basse-ville le 24 août.

Wooddehall, Richard Longs, Richard Spencer et le capitaine Humbert Cromwell, le furent également et très-grièvement, à l'attaque du Château le 1er septembre.

26me.

Ils s'avançent sépt fois, et sept fois repoussés.

Cette attaque, qui eut lieu 6 septembre, fut la plus violente du siége; elle dura depuis 8 heures du matin jusqu'à 4 heures après-mid: des troupes fraîches se succédaient continuellement du côté des assiégeans : les plus braves cherchaient à se distinguer aux yeux du roi, qui était présent. Tout fut inutile. Les Anglais, repoussés sept fois, furent obligés de se retirer avec une perte de plus de quinze cents hommes. Celle des assiégés, au rapport de Crépicule, fut de 300 : elle avait été peu considérable depuis le commencement du siége.

La ville se crut alors sauvée, et on chanta un *Te Deum* en actions de grâces.

27me.

Depouque, Saint-Aubin, le brave Dublaisel.

Outre Jean Depouques, dont nous avons parlé plus haut, il y avait encore, au nombre des braves qui s'enfermèrent volontairement dans la place, Raoul Depouques, son frère, ou son parent, et Henri Dublaisel, qui se distinguèrent par leur valeur. St.-Aubin était lieutenant de Roi de la ville.

28me.

Minuit avait sonné, quand deux guerriers sans foi
S'échappent de la ville.......

C'étaient deux Italiens du corps commandé par Philippe Corse. Ils escaladèrent les remparts dans la nuit du 8 au 9 septembre, et se rendirent au camp des Anglais, qui, après le mauvais succès de leur assaut général du 6, s'apprêtaient à lever un siége qui leur avait coûté tant de monde et de munitions. Les rapports de ces deux traîtres leur firent changer de résolution.

29.me

Veillant près de son roi, comme lui consterné,
Suffolk songe au départ......

Charles Brandon, vicomte de Lisle, dont il est ici question, n'était pas de l'illustre maison de Suffolk si persécutée par Henri VIII et dont plusieurs membres périrent sur l'échafaud; mais il était favori de ce prince, qui lui conféra, en 1513, le titre de duc de Suffolk, et lui permit d'épouser sa sœur, veuve de Louis XII, roi de France.

La jalousie de Wolsey, premier ministre de Henri, l'éloigna de la cour. On le voit cependant revenir en faveur et être chargé, en 1523, du commandement d'un corps d'armée considérable, avec lequel il fit une incursion en Picardie, après s'être joint au comte de Buren, et vint donner de vives alarmes à Paris.

On trouve dans le recueil des actes de Reymer, une commission du roi, écrite en latin et datée du 9 juillet 1544, qui nomme ce nouveau duc de Suffolk capitaine général du centre (midle ward) de l'armée destinée à agir contre la France. Il s'y trouve qualifié de très-cher cousin du roi, seigneur président de son conseil, grand-maître et sénéchal de son hôtel, et noble membre de son ordre de la jarretière.

C'est, de tous les favoris de Henri VIII, celui pour lequel il montra le plus d'affection. Il se distingua particulièrement au siège de Boulogne, par son courage et son habileté, et, avant l'arrivée du roi. il s'était déjà emparé de la basse-ville et de la Tour-d'Ordre.

Désespéré du mauvais succès des attaques réitérées du 6, auxquelles la valeur des assiégés avait si bien su résister, la résolution de lever le siége fut prise dans le conseil du roi. Déjà on faisait filer les bagages de l'armée sur la route de Calais, lorsque les deux transfuges italiens, en peignant à Suffolk la discorde qui régnait dans la place assiégée, la conduite de celui qui y commandait, et surtout en lui faisant connaître la mort du capitaine Philippe Corse, le déterminèrent à conseiller au roi de tenter un nouvel effort, qui fut couronné du succès, puisque Coucy se décida à capituler.

30me.

Il apprend que Philippe a terminé ses jours.

Philippe Corse fut blessé à la tête par un éclat

de pierre qu'il reçut à l'attaque de la tour Françoise le 9 août; il mourut le 19, et fut enterré le 20 avec les plus grands honneurs. Le maire Eurvin, ses échevins, les habitans, les gens de guerre, tous dans la plus grande désolation, assistèrent à ses funérailles.

Ce brave officier, qui commandait les Italiens de la garnison, s'était acquis la confiance universelle par son courage, sa prudence et son activité. Il se distingua dans toutes les sorties, et parvint à repousser toutes les attaques. C'était sur lui que roulaient les détails du service, et il paraît que le méréchal Dubiez, en l'envoyant dans la place, lui avait donné des pouvoirs très-étendus pour aider ou suppléer son gendre dans son commandement.

Il est démontré que, sans la perte du capitaine Philippe Corse, Boulogne ne serait point tombée au pouvoir des Anglais.

Les mémoires manuscrits sur le siége et plusieurs historiens écrivent le nom de cet officier comme nous venons de l'écrire, mais M. Garnier, en parlant de lui dans son histoire de France, l'appelle tout simplement Philippe, en ajoutant qu'il était natif de l'île de Corse; ce qui en effet est assez probable, puisqu'il commandait un corps d'Italiens.

31me.

Il apprend que Couci, guerrier faible et timide,
En qui seul maintenant tout le pouvoir réside,
Ne saurait contenir ses soldats mutinés.

La mort du capitaine Corse ayant fait cesser l'espèce de surveillance qu'il paraissait exercer sur Couci, d'après les instructions particulières du maréchal Dubiez, il ne resta plus auprès du gouverneur que quelques conseillers peu expérimentés. La garnison, composée en grande partie d'étrangers et surtout d'Italiens, se mutina tout-à-fait sitôt qu'elle ne vit plus à sa tête un chef qui savait se faire craindre et obéir : elle ne se battit plus que par caprice. On voyait les soldats s'emparer à force ouverte des vivres qui devaient se partager en commun ; et, tandis que les paysans renfermés dans la place, défendaient courageusement les brèches, ils assommaient les bestiaux de ces braves gens et se battaient ensuite entr'eux pour se les disputer; enfin, ils finirent par exiger une ration plus forte que celle qui se distribuait aux bourgeois, obligés à beaucoup plus de fatigues et à un service presque continuel que nécessitait l'insubordination d'une semblable garnison.

32me.

On m'apprend que Dubiez vient de livrer Montreuil.

On conçoit que, pour colorer sa lâcheté, Couci a pu supposer la reddition de Montreuil; mais chacun sait que la garnison et les habitans de cette ville se défendirent vaillamment, qu'ils furent réduits à la dernière extrémité et obligés de manger les animaux les plus dégoûtans. Le maréchal Dubiez, digne en tout de commander à ces braves, fit tuer le seul cheval qui lui restait, et le partagea avec ses soldats. Comme il était devenu infirme, il se faisait porter sur la brêche pour encourager les assiégés par sa présence.

C'était le corps du duc de Norfolk, réuni à ceux des comtes de Buren et de Reux, généraux de l'empereur, qui faisait le siége de Montreuil. Ce siége commença vers la fin de juin. Une partie de cette armée, et particulièrement la cavalerie allemande, vint à diverses reprises renforcer les camps de Boulogne et réparer les pertes qu'ils avaient déjà essuyées. Le siége de Montreuil ne fut levé que le 25 ou 26 septembre.

Le maréchal Oudart Dubiez, chambellan du Roi, sénéchal et gouverneur du Boulonnais, chevalier de St.-Michel, fait maréchal de France en 1542, qui avait armé chevalier Henri II, comme François I l'avait été par Bayard, fut enveloppé dans la disgrâce de son gendre, et condamné avec lui ; mais le roi lui fit grâce de la vie. Il mourut de chagrin quelques années après, dans une maison qu'il habitait au faubourg St.-Victor.

33me.

Le noble fils de France au loin poursuit la guerre.

La coalition de Henri VIII et de Charles-Quint aurait pu être beaucoup plus funeste à la France, si la désunion qui se mit entr'eux n'en avait arrêté les effets. Tandis qu'une partie des forces de la monarchie luttaient en Savoie et en Piémont contre les impériaux, le Dauphin, depuis Henri II, cherchait à s'opposer aux progrès de l'armée impériale, que Charles Quint commandait en personne, et qui, parvenue jusqu'à la Marne, menaçait la capitale. Il ne put donc faire aucun mouvement pour secourir Boulogne et Montreuil, mais le traité de Crépy ayant débarrassé François I de son principal ennemi, lui donna la facilité de s'opposer promptement à l'autre. En conséquence, le dauphin s'avança à grandes journées vers le Boulonnais, et sans la précipitation du gouverneur de Boulogne à capituler, il serait arrivé assez à tems pour sauver cette place.

34me

> .... Voyez, loin du rivage,
> Leurs vaisseaux dispersés et battus par l'orage.

La capitulation fut signée le 13 septembre, et la ville ne devait être remise entre les mains des Anglais que le lendemain 14, à 10 heures du matin. Un ouragan terrible eut lieu pendant la nuit; il renversa tout dans les camps des assiégeans, et submergea ou jeta à la côte la plupart de leurs vaisseaux qui étaient dans le hâvre. Eurvin profita de la circonstance pour presser plus fortement le gouverneur de rompre le traité honteux qu'il venait de conclure, et pour la garantie duquel les ôtages n'avaient point encore été donnés de part et d'autre ; mais celui-ci se contenta de répondre qu'il ne pouvait pas, sans déshonneur, manquer à la parole qu'il avait donnée au roi d'Angleterre; et cela dans le même tems, remarque Dubellai, qu'il manquait de fidélité à son souverain.

35me

> Déjà des fiers Anglais s'avancent les cohortes;
> Par l'ordre de Couci Boulogne ouvre ses portes.

Voici textuellement la capitulation :

«*Traité de paix et accord fait entre le très-illustre seigneur le duc* de Suffolk, *lieutenant-général du roi, et capitaine de l'armée d'Angleterre et d'Irlande, d'une part,*

Et Messire Jacques DE COUCI, *seigneur de Vervins, capitaine de la ville et château de Boulogne, et gouverneur de Boulenois, par consentement de tous autres capitaines; de sieur* DE FRAMEZELLE, *de messire Nicolas* DE ST.-BLIMOND, *et Messire François* DE RESTY, *seigneur d'Aix, qui tous ont esté envoyés devers ledit Roy pour conclure les articles qui suivent :*

Art. Ier.

« Premièrement, que ledit sieur de Vervins baillera et lairra léalement et de fait la ville et château de Boulogne, dedans les mains dudit sieur roy, ou à qui S. M. commandera, demain, qui sera le 14e de ce présent mois de septembre, à dix heures devant midy, avec toute l'artillerie, poudre, munitions, victailles et autres provisions pour la guerre, sans nulle contradiction, et sans toute fraude et malengien, n'y autre exception.

Art. II.

Item, que demain, devant les dix heures, lesdits capitaines, et tous autres gens de guerre, seront prêts à sortir et sortyront de ladite ville, y laissant ladite artillerie, poudre, victailles et autres munitions et provisions de guerre, non desgatans, ni consumans icelles en quelque manière que ce soit, fors seulement pour leur usage pendant qu'ils seront dedans.

Art. III.

Item, que ledit sieur de Vervins et autres capitaines, et gens de guerre entr'autres, pourront sortir de ladicte ville librement, avec la seureté de leurs corps et avec leurs biens et bagages sauves.

Art. IV.

Item, que, entre cy et demain, à ladite heure, ils ne pourront réparer n'y faire ouvrages quelconques pour leur défense, et recevront trois gentilshommes que l'on leur baillera pour y avoir égard, auxquels ils laisseront voir à leur liberté au-dedans le Château, et deux autres dans la ville, si aucune chose y serait faite, auxquels ils bailleront, par inventaire, le nombre et quantité de leur artillerie, poudre et victailles, et autres munitions et provisions de la guerre.

Art. V.

Item, que devant ledit terme on ne tirera artillerie, arquebuses, ny autres choses, les uns contre les autres.

Art. VI.

Item, pour la seureté et accomplissement de toutes ces choses icy comprises, lesdits seigneurs de St.-Blimond et d'Aix, et le capitaine des Italiens demeureront ici pour ostages.

Art. VII.

Item, ledit sieur lieutenant accorde que tous ceux qui sont habitans de ladite ville en veillent sortir, en pourront partir librement corps et biens sauves ; et s'il y a aucuns qui veillent demeurer, demeureront, en faisant toutefois serment à la M. du roy de France et d'Angleterre de bons et loyaux sujets.

Art. VIII.

Item, que tous gentilshommes et gens du pays du Boulenois estans à présent enfermés dedans cette dicte ville, retourneront à leurs terres, biens et possessions, en la manière qui s'ensuit :

Art. IX.

A savoir, les gentilshommes qui veulent maintenant demeurer au service du roi leur maître, quand la paix sera faite, retiendront leurs terres et possessions du Boulenois en liberté et franchise qu'ils ont du droit accoutumé, pourveu qu'ils les tiendront en chef dudit sieur roy de France et d'Angleterre, et qu'ils ne mettent des gens de guerre dedans et ne les fortifient, et pourveu aussy qu'ils ne fassent chose préjudiciable à S. M. royale de France et d'Angleterre, sur peine de confiscation de leurs terres et possessions.

Art. X.

Et, s'il y a quelqu'uns desdits gentilshommes et autres inhabitans du Boulenois qui veulent à cette heure aller demeurer sur leurs terres, et faire leur serment comme bons et loyaux sujets, y seront reçeus et reviendront à leurs dites terres et possessions.

Art. XI.

Item, il est accordé que l'abbé de Nostre-Dame, avec tous ses moynes et les autres religieux maintenant dedans la ville, sortiront en seureté de leurs personnes avec leurs bagues et bagages.

Art. XII.

Item, il est accordé que ledit sieur lieutenant baillera au sieur de Vervins et autres qui veulent partir, bons et saufs convois, lesquels accompagneront ceux qui veulent aller par terre jusqu'à Abbeville, et ceux qui veulent aller par mer jusques à Crotoy, ou à St.-Valery; à celle fin que ne leur soit fait aucun desplaisir par les gens dudit sieur, ou par ceux de l'empereur, et leur prêteront des chariots et navires pour emporter leur bagage, et promet, ledit sieur de Vervins, sur son honneur, qu'il ne sera fait desplaisir à personne dudit convoi par les gens de guerre et sujets du roy son maître en manière quelconque; et pour témoins que les choses avant dites sont accordées comme dessus, et pour corroboration de seureté des articles et choses avant dictes, ledit sieur duc et M. de Vervins ont signé de leurs propres mains la présente capitulation, et ont à icelle fait mettre leurs sceaux, de laquelle sont faites deux copies collationnées de l'une et l'autre, dont l'une demeure audit sieur duc et l'autre audit sieur de Vervins; et, pour ce que lesdits sieurs Messire Nicolas de St.-Blimond et Messire François de Resty, seigneur d'Aix, ont traité et conclu ce que dessus avec ledit sieur duc, ils seront tenus de faire foy au pied de cettes signées de leurs mains et scellées de leurs sceaux, comme la signature dudit sieur de Vervins est de sa propre main et de son scel armoyé de ses armes. Fait au camp dudit sire roy, devant Boulogne, le 13e jour de ce présent mois de septembre, l'an de grâce mil cinq cent quarante-quatre. »

Le manuscrit sur lequel on a copié cette pièce importante était écrit en vieux caractères, sur papier fort usé; on y avait ajouté le quatrain suivant :

» L'an mil cinq cent quarante-et-quatre
» Un Vervins, lassé de combattre,
» Par un jour de sainte Croix,
» Rendit Boulogne aux Anglois.

36me

Ces nobles exilés, fermes dans le malheur,
A la voix de leurs chefs, modèles de l'honneur,
Offrant au ciel leurs vœux pour le roi, pour la France,
S'éloignent de la ville et marchent en silence.

Les habitans de Boulogne n'ayant pas voulu prêter serment de fidélité au roi d'Angleterre, se virent dans la nécessité d'abandonner la ville, ainsi que leurs propriétés.

Les articles de la capitulation qui leur promettaient protection et assistance pour se retirer où ils voudraient, ne furent point exécutés. Lorsqu'ils s'acheminèrent vers Hardelot et Etaples, en longeant la côte, les Anglais les y suivirent et les pillèrent. Plusieurs périrent en se défendant, d'autres tombèrent dans les fossés et les sables mouvans de la Canche, ou succombèrent à la fatigue et à la misère : le reste de ces malheureux gagna enfin avec une très-grande peine le Pas d'Authie et arriva à Abbeville. Crépicule, témoin oculaire de ces faits, parle avec l'accent de la plus vive reconnaissance des habitans de cette ville, qui la laissèrent presque déserte pour accourir à plus d'une lieue au-devant des infortunés Boulonnais, avec toutes sortes de rafraîchissemens, et qui se disputèrent le plaisir de les recueillir et de leur faire oublier leurs malheurs.

Le journal anglais rend ainsi compte de l'évacuation de la ville par les habitans et la garnison :

« Le roi, ayant été averti qu'ils étaient sortis » (les habitans), leur fit signifier l'ordre de » rester en dehors de la ville jusqu'à ce que Sa » Majesté les eût vus passer : le roi se mit en » marche de la manière suivante :

« Sa Majesté, entourée de cavalerie et d'infan- » terie, s'avança sur la route de Montreuil jus- » qu'à un quart de mille de la ville de Boulogne ; » là, elle fit halte. La cavalerie allemande se » rangea d'un côté et la cavalerie anglaise de » l'autre. Le grand écuyer tenait l'épée nue, et » les habitans de Boulogne marchaient devant » sa seigneurie de la manière suivante :

« Premièrement, toute la canaille, hommes, » femmes et enfans portant des paquets et des » cordages ; ensuite venait quantité de chevaux, » de baudets et de mulets chargés de divers » objets, et cent charrettes remplies de bagage. » De pauvres femmes chassaient devant elles » des bêtes décharnées. Le nombre de ces mal- » heureux, tant hommes que femmes et enfans, » fut évalué à deux mille.

» Ensuite, marchaient en bon ordre les » hommes de guerre de la ville, cinq par rang ; » les canonniers, les piquiers, les arbalétriers » et les hommes d'armes à cheval, en tout deux

» mille en nombre ; en outre de ceux-ci, plu-
» sieurs individus passèrent de l'autre côté de la
» rivière et dirigèrent leurs pas vers le quartier
» d'Hardelot. »

37.me

Elle vit dans ses murs revenir ses enfans,
Après un long exil, heureux et triomphans.

Le vendredi 25 avril 1550, à huit heures du matin, le lord Clinton, commandant à Boulogne pour le roi d'Angleterre, et conformément au traité conclu entre ce prince et le roi de France Henry II, fit ouvrir la porte de France (actuellement la porte Gayole) aux troupes françaises chargées d'en prendre possession. M. de Rochepot, qui les commandait, entra le premier, suivi d'un brillant état-major et des anciens habitans de la ville, qui revoyaient, après six ans d'exil, ces murs arrosés de leur sang et témoins de leur courage, avec une joie difficile à décrire. Lord Clinton, vint au devant de M. de Rochepot et lui présenta les clefs de la ville sur un coussin recouvert d'un tapis de velours bleu aux armes de France : il était accompagné d'un grand nombre de gentilshommes anglais rangés sur deux lignes le long de la rue des Lormiers (à présent rue d'Aumont), avec la cape et l'épée seulement. La garnison anglaise sortit ensuite par la porte Flamande (actuellement la porte Neuve), pour se rendre à Calais, tandis que la gendarmerie française entrait par celle de France.

(Extrait des archives de la ville.)

ESSAI

TOPOGRAPHIQUE

SUR

LES ENVIRONS DE BOULOGNE AU 16e SIÈCLE,

ET SUR LES OPÉRATIONS DU SIÉGE DE CETTE PLACE

FAIT PAR HENRY VIII, EN 1544.

[illegible]

ESSAI TOPOGRAPHIQUE.

Le siége et la prise de Boulogne par les Anglais, en 1544, sont des événemens trop remarquables pour ne pas chercher à en conserver le souvenir. C'est surtout aux véritables amateurs de l'histoire de leur pays, habitans des lieux qui furent le théâtre de ces événemens, que de pareils souvenirs sont précieux; et c'est, nous n'en doutons pas, leur rendre un véritable service que de leur offrir, rassemblées dans un seul cadre, toutes les particularités d'une époque si glorieuse pour nos ancêtres.

Mais la description d'un siége, quelque bien qu'elle puisse être écrite d'ailleurs, ne peut donner qu'imparfaitement une idée précise des opérations d'attaque et de défense, si elle n'est accompagnée d'un plan topographique assez détaillé pour permettre de suivre avec fruit le récit de l'historien. Malheureusement, pour tracer ce plan, qui nous manque, les matériaux sont rares et incomplets, et on ne peut se permettre de suppléer à leur insuffisance qu'en risquant de les dénaturer.

Quoi qu'il en soit, jaloux de contribuer autant qu'il est en nous à éclaircir ce point important de l'histoire de Boulogne, nous avons essayé de dresser le plan du siége de 1544, en suivant scrupuleusement le témoignage des historiens anglais et français qui en ont parlé, en consultant avec soin les manuscrits du tems, les dessins les plus anciens relatifs aux localités, en nous aidant des lumières de nos plus savans antiquaires, et de celles que peut encore offrir la tradition ; enfin, nous croyons n'avoir rien négligé pour donner à ce petit ouvrage le degré de précision désirable. Il nous reste maintenant à le prouver en faisant connaître les autorités sur lesquelles nous nous sommes appuyés pour l'exécuter.

SITUATION DE LA VILLE DE BOULOGNE ET DE SES ENVIRONS, A L'ÉPOQUE DU SIÉGE.

Les formes du sol sur lequel s'élève la double ville de Boulogne et les lieux qui l'avoisinent ont peu changé depuis le 16e siècle ; mais il n'en est pas ainsi des rivages qui lui servent de limites et des objets placés à sa surface : les uns, soumis à l'action de la mer, se sont de plus en plus échancrés ; la plupart des autres, dont la durée dépend des besoins ou des caprices des hommes, n'existent plus ou sont devenus méconnaissables en changeant de matière, de forme ou de place.

Il était donc assez difficile de faire revivre Boulogne et ses environs tels qu'ils étaient en 1544, pour pouvoir y tracer avec exactitude les opérations du siége de cette époque.

Nous ne nous flattons pas d'avoir vaincu tout-à-fait cette difficulté ; mais nous espérons qu'on nous saura gré de l'avoir tenté.

Comme nous manquons de bonnes cartes anciennes sur le Boulonnais, et que d'ailleurs la contexture du terrain actuel, en le considérant dépouillé de tout objet garnissant sa surface, n'a pas visiblement changé depuis deux siècles, nous avons pensé que nous pouvions, sans craindre de nous tromper, prendre pour première base de notre plan une carte moderne (1). Nous avons ensuite rétabli, en nous appuyant sur les meilleures autorités, le gisement des côtes, la direction des chemins, les limites des forêts, la position et le nom des lieux habités, tels qu'ils existaient au moment de l'arrivée des Anglais.

---

(1) On s'est servi du plan topographique levé par le génie en 1803, pour le tracé des camps. Ce plan, construit sur une grande échelle, est supérieur à tout ce que nous avons en ce genre sur cette partie du Boulonnais.

De la ville de Boulogne et de ses fortifications.

La ville de Boulogne, à cette époque, consistait dans l'espace renfermé par des remparts, que nous appelons aujourd'hui la haute-ville, et dans un grand bourg (1), qui s'étendait au bas de l'escarpement du côteau sur l'ancienne île Gésoriac et les terrains abandonnés par la mer, qu'on nomme maintenant la basse-ville : il n'y avait de fortifié que la ville proprement dite.

Le corps de la place, situé sur un tertre légèrement incliné au sud-ouest, était renfermé dans une enceinte en maçonnerie formant un carré long, flanqué de distance en distance par des tourelles; une fausse-braie, flanquée également de quelques tourelles, y régnait tout au tour.

Les ouvrages qui en défendaient les approches étaient nombreux, surtout du côté du sud-est, plus rapproché des hauteurs qui dominent la ville, et où l'égalité du terrain rend les attaques plus faciles.

L'angle de l'est était défendu par le Château, espèce de citadelle de forme octogone arrondie, fortifiée de neuf tours, dont deux à chaque porte et couronnée par des plates-formes qui

(1) Actes de l'administration de la ville, 30 juin 1553. On y trouve encore à cette époque la basse-ville qualifiée du nom de *Bourg*.

permettaient au canon de battre toute la campagne. Un large fossé, qui l'entourait de toutes parts, la séparait de la ville, avec laquelle elle ne communiquait que par un pont en pierre, garni à son extrémité d'une bascule qui servait de porte : ce pont était couvert du côté de la place par un petit ouvrage qui dominait l'esplanade en avant de la rue du Château (1); une autre porte (2) faisait communiquer cette forteresse avec le chemin de Paris et celui de Désurennes, vis-à-vis le village de St.-Martin, alors peu éloigné des glacis. Cette porte avait également un pont-levis (3), que couvrait un ouvrage circulaire nommé la Tour-Porquet. (4)

---

(1) Journal historique du siége du tems de la ligue; manuscrit.

(2) C'est celle qui donne maintenant sur le fer à cheval.

(3) Journal historique du siége du tems de la ligue; manuscrit.

(4) Porget, ou Porchet, petite porte; en patois du pays, *Porquet* : la tour qui couvrait une petite porte.

« Cette tour, autrement dite de St.-Martin, regarde le » terroir Boulonnais..... : elle est jointe au Château, et » il n'en sort que les grands seigneurs. »

(Dubaillant, histoire de France, liv. 33, pag. 436.)

C'est sur les ruines de la Tour-Porquet, que Henry II fit bâtir le fer à cheval : elle n'était point adhérente au corps du Château, qui était entouré d'eau de tout côté.

A gauche de la Tour-Porquet, on trouvait une espèce de grand ravelin que l'on appelait le Boulevard ; il était revêtu de murailles et flanqué de tourelles minées et contre-minées (1).

Pour couvrir les flancs de ces deux principaux ouvrages et rendre plus difficile le passage du fossé, on avait établi en avant une double tenaille accompagnée de deux petites contre-gardes.

Tous ces dehors, qui défendaient les approches du Château, se liaient avec ceux du nord de la place au moyen d'une longue digue (2) et d'une tenaille en maçonnerie qui joignait la Tour Flamengue (3), ouvrage triangulaire qui masquait la porte de ce nom.

La tour St.-Jean, ou de Notre-Dame, défendait l'angle nord de la place : la fausse-braie qui l'environnait en faisait comme une tour à deux étages (4). Le double nom de cette tour provenait de sa proximité de l'église St.-Jean et de l'abbaye Notre-Dame : elle avait été élevée sur

---

(1) Mémoires manuscrits de Dubuisson.

(2) Lettre de Henry VIII à la reine; actes de Rymer, tome VI, 3e partie, page 119.

(3) Actes de l'administration de la ville, 30 juin 1553.

(4) « La tour de la Vierge Marie, qui regarde vers » Calais, est un château fortifié en façon de tour. »

(Dubaillant, histoire de France, liv. 33, page 436.)

pilotis (1). Il y avait en outre de ce côté du rempart une terrasse ou cavalier.

L'espace entre la tour Notre-Dame et la porte des Dunes était couvert par une grande demi-lune appelée la Tour Verte (2). La forme de cet ouvrage se dessine encore entre les deux chemins qui descendent aux Tintelleries.

La porte des Dunes était défendue par deux massifs en maçonnerie pleine, avec porte, fausse-porte, barrière, réduit et pont-levis, qui se levait au moyen d'un contre-poids formé par une énorme grille en fer qui servait de herse (3).

La tour Gayëte défendait l'angle ouest de la ville : elle était entourée de plusieurs contre-forts, dont l'un, très-alongé, couvrait une embrasure de canon pour battre sur le fossé (4) : il y avait un cavalier derrière.

La porte des degrés était défendue par un ouvrage de forme carrée nommé le Moineau (5) : deux demi-lunes placées à sa gauche et à sa droite, complétaient la ligne de défense des dehors de ce côté.

---

(1) Mémoires manuscrits de Dubuisson.

(2) Actes de l'administration de la ville, 30 juin 1553.

(3) Mémoires manuscrits de Dubuisson.

(4) Mémoires manuscrits pour la conduite des eaux des minimes, avec un plan de la tour Gayëte.

(5) Mémoires id.

La tour Françoise tirait son nom de l'image en relief de St. François, placée dans son revêtement extérieur, pour rappeler sans doute que le roi alors régnant, dont ce saint était le patron, y avait fait travailler. Elle défendait l'angle sud de la ville (1) : un cavalier dominait cette partie du rempart.

La tour Gayole, formant un carré avec une face oblique, défendait la porte de ce nom et se rattachait au Château par une fort longue tenaille, destinée à défendre le passage du fossé, et couverte en partie par une grande demi-lune dont le principal flanc battait sur St.-Martin.

Enfin, tous ces ouvrages étaient environnés de fossés profonds et de larges chemins couverts, ayant des places d'armes de distance en distance.

L'aspect que présentait alors l'intérieur de la ville, dans sa partie fortifiée, différait en plusieurs points de celui qu'il offre aujourd'hui.

Le Château se trouvait séparé du corps de la place, non-seulement par de larges fossés, mais encore par une esplanade circulaire qui complétait son isolement. Les rues dites de St.-Martin et du Château aboutissaient à cette esplanade, qui communiquait avec la rue de la porte Flamengue par le cul-de-sac de la rue de Lille, où était situé un bâtiment servant de magasin à la garnison pour les vivres ou les munitions.

(1) Dubuisson, Duhaillant.

L'évêché n'a été établi qu'en 1570 (1) : ainsi, l'église Notre-Dame dépendait encore, à l'époque du siége, de l'abbaye de ce nom, dont les vastes bâtimens occupaient la majeure partie de ce quartier. Le portail de cette église faisait face à la rue de la Clef (2), aujourd'hui le Parvis-Notre-Dame, ainsi qu'une portion du cloître qui a donné son nom à la rue qui est en face.

A l'extrémité des bâtimens de l'abbaye se trouvait une petite église consacrée à St.-Jean (3), que l'établissement de la chapelle de l'évêché a depuis fait disparaître. Cette église avait donné son nom à la tour qui défendait ce côté de la ville, ainsi qu'à la rue qui y aboutissait. Il restait alors un assez grand espace entre le jardin de l'abbaye et le rempart.

La rue de Lille, qui portait le nom de Grande Rue Notre-Dame (4), aboutissait comme aujourd'hui à la place d'Armes.

L'hôtel-de-ville occupait un des côtés de cette place. Comme il n'a été réparé et agrandi qu'en 1735, il est à présumer qu'en 1544 il était de très-petite apparence. Le palais des comtes de Boulogne s'élevait anciennement sur cet empla-

---

(1) Calendrier historique et topographique du district de Boulogne, 1791.

(2) Morin. (3) Duhaillant. (4) Morin

cement : c'est le berceau de *Godefroi de Bouillon*. (1).

---

(1) Si nous nous permettons d'émettre ici une opinion différente de celle du savant auteur de l'histoire des Croisades, qui fait naître Godefroi de Bouillon à Bezy, près de Nivelles, c'est que nous avons à faire valoir plusieurs autorités qui nous semblent suffisantes pour conserver à notre ville la gloire d'avoir donné naissance à ce grand prince.

Le père Lequien, l'un des hommes les plus érudits du siècle dernier, nous a laissé un abrégé de l'histoire de la ville de Boulogne et de ses comtes, dans lequel, après avoir expliqué les motifs qui conduisirent en Italie Eustache II, surnommé aux Grenons, père de Godefroi, il dit que ce prince, repassant par la Basse-Lorraine, et s'étant arrêté à Bouillon, qui était le lieu de résidence de Godefroi le Barbu, son parent, y épousa sa fille Ide, *qu'il emmena avec lui à Boulogne*, et dont il eut plusieurs enfans.

Si Eustache après son mariage a emmené sa femme dans ses états, il est permis de supposer que ses enfans y virent le jour, surtout Godefroi, qui était l'aîné. La cour d'Eustache, que Paul-Emile appelle petit roi de Boulogne, était brillante à cette époque, et on ne voit pas pourquoi la comtesse qui devait en faire le principal ornement, l'aurait quittée précisément au moment de donner un héritier au comte.

Guillaume de Tyr, qu'on appelle avec raison le prince des historiens des Croisades, écrivait son ouvrage en 1169. Il habitait les lieux témoins des événemens qu'il raconte, 69 ans après la mort de Godefroi de Bouillon,

Le beffroi qui accompagne l'hôtel-de-ville est un monument du 12e ou du 13e siècle. L'hôtel

---

au milieu des souvenirs encore récens de sa gloire et de ses vertus. Son témoignage doit être d'un grand poids. Voici comment il s'exprime dans son 9e livre, consacré en entier à nous faire connaître la vie de ce prince :

« Godefroi était originaire du royaume des Francs, de
» la province de Rheims et de la ville de Boulogne,
» située sur le rivage de la mer d'Angleterre. »

Ce passage que nous empruntons à la belle traduction de l'ouvrage de Guillaume de Tyr, publié par M. Guizot, nous paraît concluant.

Enfin, dans un manuscrit de 1650, dont l'auteur, qui ne nous est pas connu, paraît avoir puisé à bonne source, on trouve textuellement ce qui suit :

« Aucuns disent que Ide sa mère (la mère de Godefroi
» de Bouillon), enceinte de lui, en fit sa couche dans le
» château du Wast, à présent prieuré, (c'est un château
» dans le voisinage de Boulogne) : les autres dans la ville
» de Boulogne, dans l'hôtel qui est sur la place de la
» ville, et auquel on a élevé un beffroi ou clocher pour
» servir à la lite ville pour les découvertes; autres, qu'il
» est né dans le bâtiment vis-à-vis, qui a été depuis dédié
» en abbaye nommée St.-Wilmer, (l'Oratoire.)

Nous avons donné la préférence à l'hôtel-de-ville de Boulogne sur les autres édifices indiqués par le manuscrit, comme pouvant être le lieu de la naissance de Godefroi de Bouillon, parce qu'antérieurement à 1231, le palais des comtes de Boulogne existait sur l'emplacement qu'occupe aujourd'hui cet hôtel, et que, par conséquent, Eustache-aux-Grenons a dû y faire sa résidence.

St.-Jacques (1) était situé à l'extrémité de ce côté de la place.

La sénéchaussée, dont la façade décore le marché aux grains, a été bâtie en 1478. Au coin de ce marché et de la rue St.-Jean, on trouvait les halles, édifice assez grand, bâti à deux étages (2) : l'hôpital Ste.-Catherine, occupé par des Sœurs Grises de l'ordre de St.-François, qui prirent depuis la règle des Annonciades (3), était en face des halles.

Une fontaine placée au milieu du marché aux grains, y fournissait de l'eau ; une autre rendait le même service à la place : elle était située à son extrémité du côté de la rue du Puits-d'Amour, qui s'appelait anciennement la rue des Degrés.

La rue Guyale (4) aboutissait directement au rempart. Elle communiquait à la rue des Degrés par celle de l'Ordinaire : l'entrée du jardin des arquebusiers donnait dans cette rue (5).

---

(1) Une bombe tomba sur cette maison pendant le siége. Morin, qui rapporte ce fait, dit que les éclats percèrent les vêtemens du propriétaire, sans lui faire aucune blessure.

(2) Dubuisson. (3) Id.

(4) Dubuisson. L'extrémité inférieure de cette rue a été concédée plus tard aux Annonciades, afin d'agrandir leur jardin.

(5) Cueilloir pour la recette des rentes de l'hôpital Ste.-Catherine.

Il est à présumer que ce jardin a été également réuni à celui des Annonciades.

La rue du Pied-de-Bœuf, maintenant du Fiel-de-Bœuf, débouchait également en ligne droite sur le rempart, ainsi que la rue de la Paille qui traversait l'espace, depuis enclos de murs pour faire un jardin à l'hôtel d'Aumont : cet hôtel n'existait pas en 1544; la maison sur lequel il s'est élevé s'appelait alors la Maison Cappe (1).

La rue Sous-les-Murs portait le nom de rue du Château-Gaillard, et celle d'Aumont s'appelait la rue des Lormiers (Bourreliers) (2).

Un vaste magasin, qui sert maintenant à l'artillerie, et dont l'entrée donne sur cette rue, dépendait alors de l'abbaye de St.-Wilmer.

La fondation de cette abbaye, qui occupait une grande partie de l'intérieur de la ville, remonte à l'année 632. A l'époque du siége, l'église se prolongeait beaucoup plus au midi, et le portail donnait sur la place (3).

Non loin de l'abbaye, et au coin de la rue qui communique à celle de St.-Martin, était la maison d'Eurvin : un peu plus haut l'hôtel Belbronne, sur l'emplacement duquel s'établirent les Ursulines en 1623 (4).

---

(1) Morin

(2) Dubuisson.

(3) Manuscrit de 1650.

(4) Id.

Du Bourg.

C'est l'île Gésoriac qui a donné naissance à la basse-ville. Le bras de mer qui la séparait du côteau sur lequel Bononia s'est élevée a fini par se combler, et les premières constructions du bourg, qui s'étaient agglomérées sur le point qu'occupe l'église St.-Nicolas, commencèrent à s'étendre d'abord du côté de la mer à mesure qu'elle abandonnait du terrain, ensuite du côté de la terre où les têtes des rues s'élevèrent peu à peu sur le revers de la côte, dans les directions où nous les voyons aujourd'hui.

Pour fixer avec exactitude les véritables limites du bourg, nous avons dû nous assurer des points principaux qu'elles occupaient à l'époque de l'invasion des anglais.

Le premier, du côté de la mer, était une pointe qui s'avançait au sud-ouest dans le hâvre (1).

« (1) Les anglais, pendant qu'ils occupaient Boulogne,
» élevèrent un fort sur cette pointe, pour défendre le
» passage de la rivière contre la garnison d'une forteresse
» que Henry II avait fait construire à Outreau, et que l'on
» nommait Ville-Neuve-Mont-Plaisir. »
(Manuscrit de Dubuisson.)

Les capucins s'établirent en 1618 dans ce quartier : leur couvent fut bâti en partie avec les matériaux provenant de la démolition de la forteresse. Le petit bois qu'ils avaient planté au bout de leur jardin occupait précisément l'espace du fort des anglais.

Le deuxième consistait dans un des côtés de la rue Tirwick (1).

Le troisième était une autre pointe formée par le double écoulement de la Liane et des eaux du bras de mer qui s'enfonçait dans le vallon des Tintelleries (2).

---

(1) Ce mot, suivant M Scotté, vient du Celtique de wic, rue, tyr ou tur, tour, la rue de la Tour. Était-ce de la Tour-d'Odre ou du fort du Petit-Paradis, qui n'était pas éloigné de cette rue, qu'elle tirait son nom? C'est ce qu'il n'est pas facile de décider. Ce qui ferait plutôt croire que c'était de la Tour-d'Odre, c'est que la rue d'Assas, qui s'est formée depuis tout auprès, a porté le nom de rue du Vieil-Homme : on sait que les Anglais appelèrent ainsi la Tour-d'Odre, faisant allusion à l'aspect que son état de vétusté leur présentait alors en venant du côté de la mer.

Quoi qu'il en soit, si l'on consultait le dictionnaire Celtique sur cette étymologie, on la trouverait sans doute un peu forcée peut-être. Le nom est-il mal orthographié, ou bien est-ce de l'anglais? car wick, dans cette langue, veut dire bourg.

Un seul côté de la rue Tirwick était bâti en 1544 : il faisait face à la mer.

(2) Les anglais bâtirent encore sur cette pointe un fort assez considérable; on l'appelait le fort de l'Eperon, ou du Petit-Paradis : il commandait le hâvre et défendait l'entrée du bassin. Il ne faut pas le confondre avec le fort Paradis, ou de la Maison rouge, qu'ils construisirent en 1548 sur le haut de la côte, entre la Tour-d'Odre et la place, et qu'ils armèrent de grosse artillerie, pour

Le quatrième était le couvent des Cordeliers (1).

Le cinquième, enfin, était l'hôpital (2).

Du côté de la terre, les formes escarpées du côteau établissaient une limite naturelle, que nous avons suivie à quelques exceptions près (3).

Une autre indication, dont nous nous sommes également servis pour déterminer la figure du bourg, c'est la direction des deux murailles que le baron de Morvilliers fit bâtir en 1554, pour lui servir de défense, et dont on aperçoit encore quelques vestiges : l'une d'elles nous en a donné les limites du côté du sud; l'autre était assez éloignée des constructions du côté du nord (4).

---

opposer au fort Châtillon, que Henry II faisait élever dans le même tems sur l'autre rive, afin de battre la Dunette et l'entrée du port.

C'est à tort que plusieurs historiens ont attribué la construction du fort Paradis au maréchal Dubiez.

(1) «La mer battait contre les murailles de ce couvent: » c'était le lieu le plus commode pour s'embarquer.»

(Duhaillant.)

(2) Voyez le plan de Boulogne au 16e siècle. A cette époque les limites du rivage de ce côté étaient peu éloignées de la chapelle actuelle, qui fut bâtie en 1607.

(3) Voyez une petite vue de Boulogne, T. IV, page 136 du supplément de l'Antiquité dévoilée du père Montfaucon.

(4) Voyez la vue de Boulogne, dessinée par Ph. Luto, en 1725. Il y avait encore à cette époque un grand espace vide entre la muraille du nord et les maisons.

Il n'est pas difficile de reconnaître encore aujourd'hui la distribution des quartiers du Bourg, la direction de ses rues et l'emplacement de ses monumens, tels qu'ils existaient au tems du siége.

L'église St.-Nicolas est l'édifice le plus ancien de la basse-ville : en 1231, ce n'était qu'une chapelle que le comte Philippe de France fit agrandir; la tour carrée qu'il y avait fait bâtir pour servir de défense au port, qui en était rapproché au 13e siècle, existait encore en 1688. Elle était si élevée qu'on fut obligé à cette époque d'en faire démolir une partie pour empêcher de voir ce qui se passait dans la haute-ville (1).

L'hôpital fut établi par les comtes de Boulogne antérieurement à 1447. Il existait en 1544, mais les bâtimens n'en étaient pas aussi considérables qu'ils le devinrent depuis 1693, époque où il fut érigé en hôpital général, auquel furent réunis tous les hôpitaux des environs (2).

Le couvent des Cordeliers avait été bâti en 1444. Les Anglais, après avoir pris Boulogne, en firent leur arsenal de marine et l'entourèrent de fortifications. Un vaste bassin, revêtu de quais

---

(1) Calendrier historique et topographique du District de Boulogne, 1791.

(2) Lettres-patentes de Louis XIV, du mois de décembre 1692.

en maçonnerie, y aboutissait et se trouvait défendu par le fort du Petit-Paradis, d'où une grande et longue jetée, construite avec un art admirable, servait au halage des bâtimens jusqu'au fort de la Dunette, bâti exprès pour défendre l'entrée du hâvre (1).

La chapelle de St.-Pierre de Menue-Gloire, ou du Menu-Bourg, bénite autrefois par St. Omer, évêque de Thérouanne, était située à la descente de la porte des Degrés, en allant vers le bourg (2).

L'hôtel Longvillers n'en était pas éloigné : on a la certitude qu'il existait en 1500 (3); en 1650, la rue et l'hôtel étaient en jardinage. On présume qu'il fut détruit en même tems que la chapelle St.-Pierre, soit pendant le siége de 1544, ou pendant ceux qui eurent lieu en 1588 et 1589, sous la ligue.

Le Séminaire, les Minimes, les Capucins, la Douane et les Boucheries, n'existaient point à l'époque de l'invasion des Anglais.

La rue de l'Ecu portait le nom de Tirwick en 1544; la rue de l'hôpital celui de Salamanque, ou de la Salamandre : ce dernier est plus probable :

---

(1) Dubuisson.

(2) Manuscrit de 1650. Cette chapelle a été réunie depuis à l'église St.-Nicolas.

(3) Manuscrit de M. J. Scotté, recueilli par M. Henri.

c'était la devise de François Ier, qu'on trouvait placée en d'autres endroits de la ville (1). La rue des Vieillards s'appelait la rue du Bout du monde; celle des Pipots, la rue du Pipot (2).

On commençait à bâtir le quartier des Potiers. (Les Carreaux.)

La rue Neuve-Chaussée portait le nom de rue des Cordelters; la Grande Rue celui de Grande Rue du Bourg. Le Mont-à-Cardon n'était ni bâti, ni habité; mais le nom en était déjà consacré (3).

Des chemins qui aboutissaient à la ville et au bourg.

L'espace qu'occupaient les ouvrages extérieurs de la porte des Dunes, en prolongeait le point de sortie jusqu'au milieu de l'esplanade. Le premier chemin qui prenait de cette porte servait à la communication de la ville et du bourg; il descendait en tournant le côteau par le haut de la rue du Bout du Monde (4) et rejoignait la Grande Rue, un peu au-dessus de la place qu'occupe aujourd'hui le grand Séminaire. Le deuxième

---

(1) Calendrier historique et topographique du district de Boulogne, 1791.

(2) Actes de l'administration, 17 avril 1555.

(3) Morin.

(4) Aujourd'hui la rue des Vieillards.

chemin se dirigeait par les Tintelleries jusqu'au bras de mer qui se prolongeait dans ce vallon, et qu'il fallait sans doute alors traverser à marée basse, car rien n'autorise à penser qu'il y eût un pont. Il montait ensuite en serpentant par la rue actuelle de la Tour-d'Ordre, et conduisait directement à cette forteresse.

Deux branches se rattachaient à ce deuxième chemin : la première, en descendant de la ville, tournait à droite par le chemin actuel de Tivoli et de la Colonne : il conduisait à Terlinctun. Tout porte à croire que cette route était celle du Portus Itius, qui passait par Honvaut et Auvringhen. La deuxième, qui communiquait avec le bourg, prenait immédiatement après le passage du bras de mer, et, montant la côte par la rue de la Redoute, elle traversait la ferme d'Odre et s'unissait à la première un peu avant d'arriver à Terlinctun.

En sortant par la porte Flamengue (1), on trouvait la route de Flandres, qui passait alors par le dernier Sol, longeait le haut de la montagne au-dessus de la fontaine de fer, et se dirigeait en droite ligne sur la Poterie, d'où elle gagnait Wimille par Auvringhen. A gauche de cette route, un embranchement la rattachait à celle de Terlinc-

(1) A présent la porte Neuve.

tun : cet embranchement peut même être considéré comme ayant été dans l'origine le commencement de la route du Portus Itius.

A droite de la route de Flandres prenait le chemin de Thérouanne, qui se dirigeait par Makestrat et Wicardenne, communiquait au chemin d'Ardres par Souverain-Moulin et le Wast, et allait joindre la route de Désurennes à Wirwigne par la basse-forêt. Une partie du chemin de Thérouanne est l'ancienne voie romaine, construite par Vipsanius Agrippa, sous le règne d'Auguste, 27 ans avant l'ère chrétienne (1).

En sortant par la porte Ga[illegible]le on trouvait à gauche le chemin de Désure[illegible] qui rejoignait celui de Thérouanne à Wirwig[illegible] ; il traversait le village de St.-Martin, alors situé non loin du Château, suivait le sentier actuel du mont Dringhen, et tantôt la droite ou la gauche de la nouvelle route : il passait tout près du point où fut placée plus tard la Croix Abot, et entrait à Boulemberg, et dans la forêt de Boulogne, au-dessus de la première ferme bâtie sur le revers du mont.

On trouvait, à droite de la porte Gayole, la route de Paris, qui descendait à Brékerèque, laissait alors la petite chapelle Notre-Dame à

(1) Henry, Essai historique, page 83.

(2) Le manuscrit de 1650 dit qu'on venait aussi de Samer par cette route.

main droite (1), montait directement à Ostrohove par la gorge de la montagne, et rejoignait le pont Feuillet, après avoir traversé St.-Léonard. Cette route se dirigeait en partie sur l'ancienne voie romaine découverte dans nos environs en 1761, et qui venait directement d'Amiens : celle-ci, toutefois, tournait la montagne d'Ostrohove et passait par la Madelaine (2).

A gauche de la route de Paris se trouvait le chemin d'Echinghen, qui passait par la Waroquerie.

La sortie de la porte des Degrés rejoignait, en descendant à gauche, la route de Paris à Brékerèque; à droite, elle établissait une communication entre la ville et le bourg du côté de la rue du Pipot : cette rue s'appelait la rue de Belbronne.

Les hauteurs de Boulogne étaient en outre couronnées par plusieurs chemins verts (*vias terrenas*) qui, de la plus haute antiquité, prenaient des bords du hâvre et se dirigeaient en ligne droite sur la voie romaine de Thérouanne, en se rattachant aux points les plus élevés, comme ceux de la Tour-d'Odre, de Boulemberg, d'Ostrohove, etc.

---

(1) Voyez le Plan de Boulogne, par le chevalier Beaurain, 1725.

(2) Henry, Essai historique, page 84.

Ce n'est qu'en 1755 que les principales routes qui environnaient Boulogne furent redressées, élargies et mises dans l'état où nous les voyons aujourd'hui.

Du littoral.

Pour retrouver le véritable état du gisement des côtes et des bords intérieurs du hâvre en 1544, il faut se rappeler que la mer couvrait alors entièrement tout le vallon de la Liane et s'enfonçait plus ou moins dans les petites vallées qui y débouchent. Le tems a produit l'exhaussement du fonds : l'intérêt et l'industrie des hommes ont opéré peu à peu le rétrécissement de l'espace, et avant peu d'années, on ne verra plus serpenter dans cette belle plaine que le lit resserré de la rivière.

N'ayant besoin, pour l'intelligence de notre sujet, que de faire connaître la partie occidentale des rives du hâvre, nous nous y bornerons.

Du pont Pitendal, (1) sur lequel passe la route de Paris, et qui se trouvait alors un peu plus haut

---

(1) Ce nom doit avoir quelque rapport avec une ferme qui dépendait autrefois de l'hôpital de la Madelaine, et qui était ainsi appelée, d'après M. Scotté, parce qu'elle lui avait été donnée pour la nourriture des pauvres, et qu'elle était située dans une vallée : *dalle* veut dire vallée ; Pitendal signifierait alors vallée de la Pitance.

dans le vallon, la mer longeait le pied d'un côteau qui vient s'amortir à la Madelaine, ainsi que le talus qui y fait suite et qui sert de limite à la pâture de l'hospice civil, ainsi qu'aux jardins de Brékerèque jusqu'à l'entrée du Val-St.-Martin. Les eaux remontaient assez avant dans ce vallon : elles passaient sous un pont que nécessitait la direction de la route vers le passage actuel qui conduit au hameau de la Madelaine. Ce talus formait un des côtés d'une espèce de petit golfe qui s'enfonçait jusqu'à la rue de l'ancien rivage; la partie méridionale du bourg en formait l'autre côté en rejoignant la pointe des Capucins, sur laquelle fut assis plus tard le fort de l'Éperon. Une autre pointe, formée par le double écoulement des eaux des Tintelleries et de la Liane, saillissait un peu plus loin et servit également à l'établissement d'un fort qu'on nomma depuis le Petit-Paradis : en face de cette pointe, sur le haut de la côte, fut établi le fort Rouge, en regard de la Tour-d'Odre, située sur la partie la plus avancée de la côte; la base de cette partie avancée reposait sur l'endroit qu'on appelle aujourd'hui la Basse-à-roches. On peut se faire une idée du prolongement de cette pointe, en se rappelant qu'on passait alors entre les fortifications de la Tour et le bord de la falaise (1);

(1) Commentaires de Montluc, tome 1, pag. 336.

enfin, on rencontrait, en suivant toujours la côte, l'anse qui donne passage aux eaux d'Odre et de la Poterie.

Des lieux habités dans les environs de la place.

Après la ville et le bourg, la Tour-d'Odre (1) a été l'endroit le plus remarquable des environs. Chacun sait qu'elle fut bâtie par Caligula l'an 40 de notre ère, pour perpétuer le souvenir de la

---

(1) Le journal du roi d'Angleterre la qualifie de Tour du Guet. Les anglais, pendant l'occupation, l'appelèrent *le Vieil-Homme*; mais le véritable nom qu'elle portait en 1544 est celui de Tour-d'Odre.

Le père Montfaucon, persuadé que dans le pays on ne l'appelle pas autrement que Tour-d'Ordre, (supplément à l'antiquité expliquée, liv. 6, pag. 134), cherche à faire rapporter ce nom d'Ordre à celui de *Turris Ardens*; mais ce savant antiquaire se trompe en citant à cette occasion l'historien de St.-Folquin, qui, selon lui, aurait écrit *Pharus Ordrans*. Nous avons sous les yeux le propre manuscrit de cet historien, que possède la bibliothèque. Voici textuellement le passage : « *ex eâ parte quam Bo-* » *nonia urbs et* odrœns occupat farus, *facilis ad Bri-* » *tanniam est transitur.* »

Il en résulte que le mot, ainsi orthographié, peut avoir une autre origine que celle d'Ardens. C'est d'ailleurs le sentiment de M. Henry (essai historique, pag 71), qui pense qu'Odraus ou Odrans est bien le nom primitif d'Odre, défiguré par une terminaison latine, que la manière de prononcer dans le pays a dû encore altérer.

Il faut donc en revenir avec lui au dictionnaire Celti-

parade ridicule qu'il avait fait faire à son armée sur le bord de la mer, en obligeant chaque soldat de remplir son casque de coquillages pour en faire une offrande au sénat. Ce phare était aussi destiné à diriger, pendant la nuit, les vaisseaux qui naviguaient dans ces parages. (1)

Cette tour, de forme octogone, avait 124 pieds de hauteur au-dessus du niveau du sol. Sa position sur le bord de la mer engagea Charlemagne à la faire réparer et fortifier, au commencement du 9e siècle (2), afin de s'opposer aux courses des Normands qui désolaient alors nos côtes.

Les fortifications qui l'entouraient au moment où les Anglais vinrent l'attaquer, avaient été vraisemblablement réédifiées en même tems que les ouvrages de la place; c'est-à-dire, et en les jugeant d'après leur forme, peu d'années avant le

---

que : *odr* ou *odre*, en cette langue, signifie bord, terme, rivage, limite; ce mot exprime bien la position du phare, et ce qui doit confirmer cette dernière opinion, c'est que, 1°. dans la plupart des anciens plans et titres de propriété, ce nom est ainsi orthographié; 2° la porte de Boulogne qui y conduisait (celle des Dunes) s'appelait anciennement la porte des Limites; 3° enfin, une ferme voisine de la Tour, et qui en a pris visiblement son nom, s'appelle encore aujourd'hui la ferme d'Odre.

(1) Suétone.

(2) Histoire de France, par Velly, tom. 1, pag. 476.

siége, elles consistaient en un petit carré flanqué de quatre bastions. Nous avons fait mesurer les ruines qui en existent encore, et nous avons reconnu que les courtines avaient 75 pieds de longueur et les flancs des bastions 70; une petite embrasure de canon, qui battait sur le fossé dans un des angles de ces flancs, s'aperçoit encore, ainsi que les traces du fossé.

Lorsque les Anglais furent les maîtres de la Tour-d'Odre, ils en firent une espèce de ville, en l'entourant d'une nouvelle enceinte qui ne différait de l'ancienne que par la grandeur de ses dimensions et la position de ses côtés, opposés aux angles des premières constructions. Nous avons également fait mesurer les vestiges de ces derniers ouvrages, et nous avons reconnu que les deux courtines, qui existent encore, avaient environ 600 pieds de longueur chacune : on n'aperçoit plus que la forme d'un bastion, dont chaque flanc présente à-peu-près 200 pieds.

On peut évaluer à 250 toises la partie de la côte que la mer a échancrée, à l'endroit de cette pointe, depuis 1544.

Les autres endroits habités qu'il convient de citer après la Tour-d'Odre, sont :

1° Les Teintureries (1), réunion de quelques

(1) Aujourd'hui les Tintelleries. M. Henry trouve l'ori-

maisons ou fabriques que le voisinage de l'eau y avait fait construire. L'influence de la marée dans ce vallon était encore considérable à l'époque du siége (1);

2° La ferme d'Odre bâtie dans le voisinage du phare de Caligula. Elle en a pris et conservé le nom, sans aucune altération. En avant de cette ferme et dans le prolongement de la montagne jusqu'à Beaurepaire, il y avait quelques portions de bois (2);

---

gine de ce dernier nom dans la langue Celtique, de *tin*, enclos, et *telleria*, poterie, tuilerie. Mais Dubaillant, en indiquant qu'au tems du siége il y avait en cet endroit des teinturiers, nous a fait penser que cette origine pouvait être plus moderne, et nous avons été confirmés dans notre opinion par le manuscrit de 1650, qui dit positivement que Tintelleries vient de teintureries.

(1) Lorsque Montluc, (Commentaires. tom. 1, pag. 337) peu de jours après la prise de Boulogne, vint y donner la camisade avec les troupes de l'armée du Dauphin, il passa d'abord le bras de mer des Tintelleries à pied sec; mais quand il se trouva dans la nécessité de se retirer, il ne put repasser au même endroit, parce que la marée était pleine, et fut obligé de remonter plus haut. Il fait la remarque qu'il y avait un bâtiment échoué sur ce point.

(2) Voyez une vue de Boulogne dans la topographie de Mérian.

3° Le Moulin-Wibert (1) était situé non loin du point de jonction des eaux d'Odre et de la Poterie, au fond d'une anse que la mer a fait disparaître avec la pointe qui supportait le phare ;

4° Terlinctun (2), village dont l'origine doit être fort ancienne, puisqu'il était placé sur la voie qui conduisait de Bononia au Portus Itius ;

5° La Poterie, village situé avantageusement sur la route de Calais, qui y passait au tems du siége ;

6° La ferme de Beaurepaire, située au fond du vallon des Teintureries : les anglais la brûlèrent, ainsi que le moulin qui était auprès ;

7° Makestrat (3), hameau sur une hauteur qui domine la ville, et où passait la route de Thérouanne, (l'ancienne voie romaine) ;

---

(1) Ce nom s'écrivait encore ainsi en 1618 : voyez les actes de l'administration de la ville de cette époque.

(2) Vient du Celtique *ter*, terre ou terrain, *linc*, glissant.

(3) Aujourd'hui Maquétra. Il serait difficile de trouver à ce nom une origine Celtique : sa dernière syllabe, dans tous les dialectes de la langue germanique, exprime un chemin.

8° Wicardenne (1), hameau placé à l'embranchement de la route de Thérouanne et de celle qui conduisait à Ardres. Il y avait encore une partie de bois en cet endroit ;

9° Dringhen (2), habitation au haut d'un monticule qui domine la ville, à droite de la route qui conduisait à Désurennes ;

10° La Guilbederie (3), autre habitation sur le prolongement du chemim Vert qui, des hauteurs d'Ostrohove, allait rejoindre la voie romaine ;

---

(1) D'après M. Henry, ce nom viendrait du Celtique, de *wy*, eau; *cardenne*, litière, (mare au fumier); d'après M. Scotté, il viendrait de *wicus ardens*, village qui brûle : Ducange croit qu'il se rapporte à *wicardus*, surnom de Robert, prince d'Apulie; enfin, d'après un autre antiquaire, le mot devrait s'écrire avec un *g*, Wigardenne. Sa signification, tirée également des langues du Nord, serait alors Blanc-Jardin.

(2) Suivant M. Henry, viendrait du Celtique, *dring*, degré, hauteur; *hem*, habitation; *tertre*, habité. En rapportant son origine aux langues germaniques, on trouverait *drinken*, qui signifie boire, et *hem* ou *heim*, qui veut dire maison, maison à boire, cabaret ou guinguette.

(3) Aujourd'hui la Caucherie, Elle s'est appelée la Cauchie. Le nom de Guilbederie indiquerait un ruisseau qui fait tourner un moulin.

11° Rotembert (1), habitation peu éloignée de le précédente, où les deux chemins venaient se croiser ;

12° Boulemberg (2), village sur la route de Désurennes, dominé par le point le plus élevé des montagnes du Boulonnais : c'était l'entrée de la forêt de Boulogne en 1548 (3).

13° St.-Martin, village situé non loin du Château, sur le chemin de Désurennes. Il faisait autrefois partie de la ville, dont l'enceinte se pro-

---

(1) D'après le Celtique, on trouverait habitation voisine d'un ruisseau ; d'après la langue germanique, Montagne rouge.

(2) L'orthographe de ce nom a beaucoup varié. Nous trouvons écrit dans les titres et chroniques du tems, Boulembert, Bolenberg, Boulanberg et Bolandsberg, ce dernier exprimerait extrémité de la montagne. M. Henri, en rapportant son origine à la langue Celtique, pense qu'en le décomposant on trouverait *boul*, *globe*, ou rond, et *ember*, près, voisin, habitation près du mont. M. Scotté croit qu'il faut dire Bourg-Lambert, à cause du mont qui le domine. Quoi qu'il en soit de ces étymologies, nous nous sommes arrêtés à celle de M. Scotté, comme la plus probable: nous avons seulement écrit Boulemberg, ainsi qu'il s'écrivait encore en 1725.

(3) Elle est ai nsi marquée sur un plan manuscrit provenant de l'abbaye de St.-Nicolas-des-Bois, tiré d'une ancienne carte faite en 1548.

longeait au-delà. L'église avait été bâtie sur les ruines du temple de Mars, qu'avait réédifié Julien en 362.

Cette église que St. Omer, évêque de Boulogne, avait consacrée, ayant été détruite par les assiégeans, ainsi que la plupart des habitations qui l'entouraient, fut transférée où nous la voyons aujourd'hui par la générosité de Jean Rabin, curé de cette paroisse, qui vendit une maison qu'il possédait dans la rue du Château, pour subvenir aux frais de cette reconstruction (1).

14° La Waroquerie (2), habitation sur la route d'Echinghen;

15° Bertinghen (3), autre habitation entre la Waroquerie et Ostrohove;

16° Ostrohove (4), village sur la route de Paris, qui le traversait en 1544 : toutes les hauteurs de ce côté étaient garnies de bois à cette époque.

17° La Madelaine, hameau sur le bord de

---

(1) Dubuisson.

(2) Selon M. Scotté, ce nom proviendrait de *warot*, ou garrot.

(3) Ce nom, d'après M. Henri, désigne un endroit riant, agréable, de *berth* ou *bert*, beau.

(4) De *hove*, métairie; *auster*, midi : maison située au midi.

la Liane (1), dans le voisinage de Brékerèque, sur l'ancienne voie romaine. On y trouvait un hôpital qui a été long-tems destiné aux lépreux : il fut réuni depuis à celui de Boulogne. La foire dite de la Madelaine se tenait autrefois en ce lieu.

18° Brékerèque (2), hameau situé sur la route de Paris, au bord de la Liane.

Enfin, et pour ne rien oublier, nous ajouterons qu'on remarquait encore dans le voisinage de la ville et du bourg plusieurs moulins à vent : le premier, près de la ferme de Beaurepaire ; le deuxième au-dessus de Makestrat, à droite du chemin de Thérouanne, et le troisième, au bas du mont Dringhen, près du village de St.-Martin (3).

---

(1) La Liane était à cette époque beaucoup plus considérable qu'elle n'est aujourd'hui. Le manuscrit de 1650 dit qu'elle fournissait alors, ainsi que les autres rivières du pays, des truites monstrueuses.

(2) D'après M. Henri et le dictionnaire Celtique, *breken*, signifie brique de terre cuite ; *reac* ou *rec*, une rivière, ce qui serait d'accord avec la situation et l'usage des lieux.

D'autres antiquaires affirment que l'on écrivait autrefois Brékerque, église dans la boue, et que ce nom vient de la petite chapelle Notre-Dame, dont l'existence remonte à 303.

Sans vouloir décider la question, nous avons seulement rétabli le *k* dans l'orthographe du mot.

(3) Dubuisson.

La petite chapelle Notre-Dame existait à la même place qu'elle occupe encore : elle se trouvait à la droite de la route de Paris, qui passait alors par Ostrohove.

Les eaux qui servaient à alimenter les fontaines de la ville venaient de Beaurepaire et de Dringhen (1).

Le nom de fontaine des Ladres, que porte encore une source d'eau salubre qui s'échappe du côteau d'Ostrohove, indique suffisamment que cette source dépendait de l'hôpital de la Madelaine (2).

Nous ne pouvons affirmer précisément qu'on se servait de nos eaux ferrugineuses en 1544 ; mais la chose nous paraît si probable que nous

---

(1) M. Henri croyait qu'il n'y avait que les eaux de Beaurepaire qui alimentassent les fontaines de la ville, mais nous avons sous les yeux un acte de l'administration de 1582, où il est dit : « Il sera fait des réparations » au *conduit qui amène les eaux de Dringhen.* » Ce qui prouve qu'elles appartenaient à la ville.

(2) On dit également Ladrerie, ou la Lèpre, pour exprimer le nom d'une maladie qui, heureusement, ne nous est plus connue. Au 13e siècle, on comptait en France plus de deux mille léproseries semblables à celle de la Madelaine. On trouve, dans les réglemens relatifs aux précautions à prendre contre les lépreux, qu'il leur était surtout défendu de boire en aucune fontaine, autre que celle affectée spécialement à leur usage.

n'avons pas hésité à marquer la fontaine de fer sur notre plan.

Les fourches patibulaires étaient à Makestrat, et l'on trouvait une croix à l'endroit appelé aujourd'hui le dernier Sol (1).

DES FORCES DES ASSIÉGEANS AU 20 AOUT.

Lorsque Charles-Quint entra en campagne pour réaliser ses projets ambitieux, il était à la tête de 50 mille hommes (2), non compris un corps de 14 mille Allemands qui vint se joindre aux Anglais sitôt après leur débarquement à Calais (3); or, d'après le traité d'alliance entre ce prince et Henri VIII, on sait que les forces réunies des deux souverains devaient s'élever à 100 mille combattans. Ainsi, dans cette hypothèse, le contingent fourni par l'Angleterre devait être de 36 mille hommes; mais presque tous les écri-

(1) Dubuisson

(2) Robertson, histoire de Charles-Quint, tom. 5, p 61.

(3) Dubellay, tome 21 de la collection des mémoires sur l'histoire de France, page 151; Rapin-Thoiras, histoire d'Angleterre, tome 5, page 413. Ce dernier ne porte, à la vérité, la force des troupes allemandes qu'à dix mille hommes; mais la différence qui existe à cet égard entre ces deux historiens, ne fait rien à l'évaluation des forces employées au siége de Boulogne.

vains qui ont parlé de cette guerre, et qui souvent diffèrent entr'eux sur beaucoup de points, sont d'accord sur celui-ci; savoir, que ce contigent n'était que de 30 mille hommes (1) : nous avons dû suivre leur sentiment.

Une partie de cette armée débarqua à Calais dans les premiers jours de juin, et alla mettre le siége devant Montreuil, sous le commandement du duc de Norfolk et après s'être jointe avec les troupes allemandes que commandaient les comtes de Buren et de Reux (2); l'autre partie,

---

(1) Ces historiens sont David Hume, Dubellay, Duhaillant, Mézerai, Lefebvre, et autres. Il est vrai que Crépieule, qui nous a laissé une relation manuscrite du siége, dont il fut témoin oculaire, évalue la force des anglais, devant Boulogne, à 47 mille hommes, sans compter les troupes employées au siége de Montreuil; mais il faut se rappeler que Crépieule était renfermé dans la place, qu'il ne put apprécier avec justesse la force des assiégeans, et que son calcul s'est ressenti de la frayeur qu'une semblable attaque dut inspirer aux assiégés.

(2) « Ce fut vers la Pentecôte, dit Rapin-Thoiras,
» histoire d'Angleterre, tome 5, page 443, que le roi
» d'Angleterre fit embarquer une partie de son armée
» pour Calais, sous la conduite du duc de Norfolk:
» pour lui, il resta encore en Angleterre avec le reste de
» ses troupes jusqu'au milieu du mois de juillet. »

Or, en 1544, la Pentecôte eut lieu le 1er juin: par conséquent, c'est dans les premiers jours de ce mois que le corps du duc de Norfolk entra en France, se joignit aux

beaucoup plus considérable et où se trouvait le roi d'Angleterre en personne, ne passa sur le continent que dans les premiers jours de juillet (1).

Quoique la force particulière de chacun des deux corps de troupes anglaises ne soit pas spécialement déterminée, on peut néanmoins, sans craindre de se tromper, estimer que le premier, non compris les Allemands, ne dépassait pas 6000 hommes, dont 1500 de cavalerie (2); par conséquent, le second, qui est celui dont il nous importe le plus de connaître la force réelle, était, au moment de l'investissement de la place de Boulogne,

	hommes,	chevaux.
d'environ	24,000	dont 2,100

troupes de l'empereur, et alla mettre le siége devant Montreuil.

Ce passage prouve évidemment que c'est à tort que les autres historiens confondent les deux époques en faisant arriver l'armée anglaise en une seule fois. C'est à cette erreur de leur part que l'on doit attribuer la différence des opinions sur la force réelle de cette armée.

(1) Journal du siége de Henry VIII. Actes de Rymer, tome 6, 3e partie, page 119.

(2) Robertson, histoire de Charles-Quint, tome 5, page 64 : « Le siége de Montreuil, dit cet historien, fut » commencé par un corps de flamands, *joint à quel-* » *ques troupes anglaises* : » ce qui indique suffisamment qu'il n'y en avait pas beaucoup.

	hommes,	chevaux,
	24,000	2,100
A quoi il faut ajouter les renforts qui lui furent envoyés depuis le 18 juillet jusqu'au 20 août.		
1° Le 28 juillet, il débarqua dans le hâvre de Boulogne un corps d'infanterie anglaise, venant d'Écosse (1) : il était fort de.	900	»
2° Le 6 août, il vint du camp de Montreuil deux compagnies de cavalerie (2)	200	200
3° Le 12 août, il arriva du même camp un détachement de troupes flamandes (3) : il était fort de	500	»
4° Le même jour une compagnie de cavalerie (4).	100	100
5° Le 13 août, un corps de cavalerie allemande, dont une		
	25,700	2,400

(1) Journal du siége de Henry VIII. Actes de Rymer, tome 6, 3e partie, page 120.

(2) Id.

(3) Id.

(4) Id.

	hommes,	chevaux.
	25,700	2,400
compagnie d'artillerie à cheval. (1)	300	300
6° Le 14, un détachement de canonniers espagnols. (2) . . .	100	»
7° Le 19, la cavalerie allemande quitta le camp de Montreuil, et vint s'établir à Boulemberg (3) : elle était forte de	4,000	4,000
8° Enfin, ce corps était accompagné de 6 compagnies d'infanterie et de deux compagnies d'artillerie, qu'on peut évaluer à.	800	»
Total des forces des assiégeans au 20 août.	30,900	6,700

On trouve peu de détails dans les historiens du tems sur la manière dont toutes ces forces étaient organisées; mais il est facile de suppléer à ce qui leur manque en recourant aux règles de l'art militaire en usage en Europe au 16ᵉ siècle.(4) A cette époque, les bataillons d'infanterie se

(1) Journal du siége de Henry VIII. Actes de Rymer, tome 6, 3ᵉ partie, page 120.

(2) Id.

(3) Id. Dubaillant. Histoire de France, liv. 33, page 437.

(4) Voyez l'ouvrage de Mallet, intitulé *les travaux de Mars.*

composaient ordinairement de six compagnies, la compagnie de 100 hommes, et la force des escadrons de cavalerie allait à 150 chevaux : nous évaluons celle des différens corps d'artillerie, à pied ou à cheval, à cent hommes chaque.

Les armées étaient communément divisées en trois corps : le premier portait le nom d'Avant-garde ; le deuxième, celui de Corps de Bataille ; le troisième, celui d'Arrière-garde : ce dernier s'appelait quelquefois Corps de Réserve. Il était à-peu-près d'égale force au premier ; mais le corps de bataille était toujours le plus considérable.

L'armée assiégeante, y compris les renforts qu'elle reçut d'Angleterre et des camps de Montreuil, se trouvait donc forte, au 20 août, d'environ 31 mille hommes : elle était alors divisée en cinq corps différens ;

SAVOIR :

Corps d'avant-garde commandé par lord Russel. (1)

	hom.	chev.
Infanterie, huit bataillons . . .	4800	»
Cavalerie, quatre escadrons . .	600	600
Artillerie à pied, une compagnie.	100	»
	5500	600

(1) Lord Russel, chevalier de l'ordre de la Jarretière, conseiller et garde des sceaux, avait été nommé capitaine-général de l'avant-garde (voward) de cette armée, par commission signée de Henry VIII, du 9 juillet 1544. Voyez les Actes de Rymer, tome 6, troisième partie, page 115.

	hommes,	chev.
	5,500	600
Corps de bataille commandé par lord Suffolk. (1)		
Infanterie, vingt bataillons. . . .	12,000	»
Cavalerie, six escadrons	900	900
Artillerie à cheval, une compagnie. (2)	100	100
Artillerie à pied, quatre comp^{ies}.	400	»
Corps d'arrière-garde commandé par lord Surrey. (3)		
Infanterie, neuf bataillons . . .	5,400	»
Cavalerie, quatre escadrons . .	600	600
Artillerie à pied, une compagnie.	100	»
	25,000	2,200

---

(1) Lord Suffolk, chevalier de l'ordre de la Jarretière, grand maître et sénéchal du palais, président du conseil, avait été également nommé, par commission du 9 juillet 1544, capitaine-général commandant le centre (middelward), ou plutôt la bataille, ou le corps de bataille, ainsi qu'on l'appelait alors. Voyez les Actes de Rymer, tome 6, 3e partie, page 115.

(2) Journal du roi d'Angleterre. Actes de Rymer, tome 6, 3e partie, page 120.

Le texte porte *gonners on horsebake.* Jusqu'ici on avoit attribué l'invention de l'artillerie à cheval aux Prussiens. Il paraît qu'elle était déjà connue des Anglais au 16e siècle.

(3) C'était le duc de Norfolk qui avait reçu commis-

	hommes,	chev.
	25,000	2,200
Corps d'observation commandé par le comte de Buren. (1)		
Infanterie, six compagnies. . .	600	»
Cavalerie, vingt-six escadrons. .	3,900	3,900
Artillerie à pied, deux compagnies	200	»
	29,700	6,100

sion pour commander l'arrière-garde (rereward) et même l'avant-garde en l'absence du roi. Cette commission est aussi du 9 juillet 1544. Voyez les Actes de Rymer, tome 6, 3ᵉ partie, page 115. Mais sa destination fut changée, et il alla, de concert avec les Allemands, mettre le siége devant Montreuil. Tout porte à croire que le commandement de l'arrière-garde fut confié au comte de Surrey.

(1) Le comte de Buren commandait, avec le comte de Reux, les troupes allemandes employées au siége de Montreuil, sous les ordres du duc de Norfolk. Il en fut détaché avec la cavalerie et quelques compagnies d'infanterie pour former un corps d'observation destiné à couvrir les opérations du siége de Boulogne. Outre les quatre principaux officiers supérieurs, dont il vient d'être fait mention, il y en avait aussi plusieurs autres ayant également quelque autorité dans l'armée, ainsi qu'on peut s'en convaincre en examinant le dessin d'un grand tableau de ce Siége, gravé en 1788, par les soins de la Société des Antiquaires de Londres, où divers camps particuliers sont indiqués comme ayant été occupés spécialement par Lord amiral, sire Antoine Browns et le Duc d'Albuquerque.

	hommes,	chev.
	29,700	6,100
Garde royale commandée par le Roi en personne.		
Deux compagnies d'archers commandées par Chester et Willoughbye. (1)	200	»
Deux compagnies de piquiers . .	200	»
Deux compagnies d'arquebusiers.	200	»
Une compagnie de cavalerie d'élite commandée par le duc d'Albuquerque. (2)	100	100
Deux compagnies d'hommes d'armes commandées par le comte d'Essex et sir Thomas Darcy. (3) . .	200	200
Une compagnie de cavalerie légère	100	100
Une compagnie de demi-lances .	100	100
Une compagnie de canonniers à cheval commandé par Jean Uprichards (4).	100	100
Une compagnie d'artillerie à pied commandée par Harman. (5) . . .	100	»
Total.	31,000	6,700

(1) Journal du Roi d'Angleterre. Actes de Rymer, tome 6, 3e partie, page 120.

(2) Id. id.

(3) Id. id.

(4) Id. id.

(5) Id. id.

On voit par ce dénombrement qu'il y avait dans cette armée neuf compagnies d'artillerie à pied, et deux compagnies d'artillerie à cheval, nombre suffisant pour le matériel qu'elle avait à sa suite, dans un tems où il ne fallait que deux canonniers et trois chargeurs pour une pièce. Il est vrai que les pionniers fournissaient en sus trente hommes également par chaque canon (1), tant pour la manœuvre que pour la confection des plates-formes; mais nous n'avons pas cru devoir comprendre cette espèce de troupe dans le nombre des combattans.

Ce matériel consistait en 60 pièces de position d'un fort calibre (2) et en un certain nombre de

(1) Travaux de Mars, par Mallet, page 120.

(2) Dubellay, collection des Mémoires sur l'histoire de France, tome 21, page 323.

« La ville ne se rendit qu'après un siége de sept » semaines, dit cet historien, pendant lequel elle fut » battue jour et nuit par 60 canons. »

M. Scotté, qui nous a laissé un manuscrit recueilli par M. Henri, confirme le témoignage de Dubellay. Il dit :

« Pendant le siége que soutint Boulogne, en 1544, ils » tirèrent (les Anglais) plus de 40 mille coups de canon » de 60 pièces en batterie, firent cinq brèches et livrèrent » plusieurs assauts. »

Crépieule affirme, dans sa relation manuscrite, que les Anglais avaient à leur suite 100 pièces de canon de batterie, sans compter les pièces de campagne. Il y a encore ici exagération, et l'opinion de Dubellay doit être uivie de préférence.

pièces de campagne, comme fauconneaux et pierriers (1), qu'on peut évaluer à 30 ou 40, et qui servirent dans les reconnaissances (2) et l'armement des batteries établies pour appuyer les travaux d'approches. (3) Il y avait en outre une batterie de mortiers et même des fusées incendiaires (4), qu'on peut avec raison regarder comme semblables à celles renouvelées de nos jours par le colonel anglais Congrêve : le tout était accompagné d'une quantité considérable de chariots de munitions.

La manière dont le service des vivres était organisé est digne de remarque. Les assiégeans avaient avec eux des moulins pour moudre le blé, des fours portatifs pour cuire le pain, et un grand

---

(1) « Les pierriers étaient chargés avec des canons de » pistolets, qui tiraient en tombant. »

(Oraison funèbre de Vervins, par J. N. Falluel.)

(2) « Le 14 juillet, le duc de Suffolk vint reconnaître la » place avec une compagnie d'infanterie, une de cavalerie » et deux pièces de campagne. »

(Journal du roi d'Angleterre. Actes de Rymer, tome 6, 3e partie, page 119.)

(3) Morin, dans son poème manuscrit, dit que le 27 août, les assiégeans placèrent *leurs fauconneaux* jusques sur les bords du fossé.

(4) « La nuit du 7 septembre *le feu Grégeois* fut lancé » sur la ville. »

(Journal du roi d'Angleterre. Actes de Rymer. Tome 6, 3e partie, page 121.)

nombre de bestiaux vivans (1); enfin, pour compléter le tableau de la composition de cette armée, qu'on doit regarder comme assez considérable pour l'époque, il faut se représenter qu'elle était encore suivie par plusieurs milliers d'individus non combattans, comme pionniers, charretiers, vivandiers, valets, etc.

Des forces des assiégés au 20 août.

La garnison de la place, au moment de l'investissement, était composée comme il suit;

SAVOIR :

	hommes,	chevaux.
Deux demi-compagnies d'hommes d'armes, commandées par S^{t}.-Blimont et le baron d'Ordre. (2)	100	100
Un corps d'infanterie française, commandé par Delignon (3)	500	»
Un autre corps aussi d'infanterie		
	600	100

(1) Crépieule dit que les Anglais traînaient à leur suite 100 de ces moulins, que des chevaux faisaient tourner; qu'ils étaient suivis par 15000 bœufs, une infinité de moutons et d'autres vivres. Il prétend, en outre, qu'il y avait 25000 chevaux employés au transport des munitions, bagages, etc. Ce nombre de chevaux nous paraît bien exagéré.

(2) Crépieule.

(3) Dubellay. Collection de mémoires sur l'histoire de France. Tome 21, page 153.

	hommes,	chev.
	600	100
française, commandé par de Renty, seigneur d'Aix (1)	300	»
Un corps d'infanterie italienne, commandé par Philippe Corse (2). .	500	»
Un corps de canonniers d'environ	100	»
A quoi il faut ajouter :		
1° Les gentilshommes des environs qui se renfermèrent dans la place. .	50	50
2° Les habitans des campagnes envahies par l'ennemi	200	»
3° La milice bourgeoise de la ville.	1,000	»
4° Un détachement de troupes italiennes introduit dans la place le 19 août, par le capitaine d'Incourt (3). .	300	»
	3,050	150
Perte des assiégés depuis le 18 juillet	50	
Total de leurs forces au 20 août...	3,000	150

(1) Dubellay. Collection de mémoires sur l'histoire de France. Tome 21, page 153.

(2) Lefebvre, historien de Calais. Tome 2, page 244.

(3) Duhaillant, d'après Arnoul-Leféron, n'évalue ce renfort qu'à 100 hommes, ce qui serait d'accord avec le journal du roi d'Angleterre, qui dit, 100 hommes *et plus ;* mais Crépieule et Morin qui les ont vus entrer dans la ville, et qui ont pu les compter, disent positivement que ce renfort était de 300 hommes : nous avons suivi leur sentiment.

L'artillerie de la place était peu considérable, surtout si on la compare à celle des assiégeans (1). Elle consistait,

En deux gros canons appelés Basilics, (du calibre de 48);

2 demi-canons (de 24);
3 coulevrines (de 16);
2 demi-coulevrines (de 8);
2 sacres (de 5);
6 faucons (de 3).

Total, 17 pièces.

74	Arquebuses à crochet de bronze (2).	
6	Id.	de fer à croc.
15	Id.	appelées scopentines en fer.

Total, 95 pièces.

(1) Voyez le procès-verbal dressé par François de Montmorenci, seigneur de la Rochepot. Actes de Rymer, tome 6, 3e partie, page 184. Il résulte de ce procès-verbal, que l'artillerie, ainsi inventoriée, était celle qui existait dans la place au moment de sa reddition en 1544. M. de la Rochepot était l'un des commissaires français chargés par Henry II, d'assister à la remise de Boulogne, le 25 avril 1550.

(2) L'arquebuse à croc est une espèce d'arme qui fait le même effet que le canon du plus bas calibre : elle tient le milieu entre le canon et le mousquet.

(St.-Remy; mémoires d'artillerie. Tome 1, page 274.)

DES OPÉRATIONS DU SIÉGE.

Les historiens du tems, la plupart assez ignorans dans la science militaire, ne nous fournissent pas beaucoup d'indications sur les opérations du siége de Boulogne. Il faut nous contenter du peu que nous en avons pu recueillir, et nous en servir comme de jalons propres à nous guider dans notre travail. On sait d'ailleurs qu'il en est des opérations stratégiques comme d'une équation, la partie connue sert à faire apprécier celle qui ne l'est pas.

Pour effectuer leur projet d'envahir la France, Henry VIII et Charles-Quint étaient convenus de rassembler une armée nombreuse. Les Anglais devaient pénétrer par la Picardie, les impériaux par la Champagne, et la jonction de toutes leurs forces se serait opérée sous les murs de Paris, si la désunion ne s'était mise entre les deux souverains.

Déjà les impériaux s'étaient emparés de Luxembourg et de quelques villes des Pays-Bas, lorsque le premier corps de l'armée anglaise débarqua à Calais au commencement de juin 1544. Il était commandé par le duc de Norfolk, et se joignit de suite aux troupes de l'empereur. Ces forces réunies, après avoir campé à Leubringen, Landretun, Beaulieu et Fiennes, traversèrent le

Bas-Boulonnais et allèrent mettre le siége devant Montreuil (1).

Environ un mois après, trois autres corps, commandés par les lords Russel, Suffolk et Surrey, débarquèrent également à Calais et vinrent camper à Marquise. Ils détachèrent, le 18 juillet, une forte reconnaissance qui s'approcha très-près des dehors de la place; mais une sortie des assiégés l'obligea de se retirer (2).

C'est le 19 que le camp de Marquise fut levé et que toute l'armée anglaise se dirigea sur Boulogne (3).

Le 21, tandis qu'une division navale bloquait l'entrée du hâvre, la basse-ville fut emportée d'emblée, malgré la résistance des assiégés, qui y mirent le feu en se retirant. Les anglais arrêtèrent l'incendie (4).

La tour d'Odre se rendit le 22, après une attaque où le canon fut employé (5).

Les assiégeans, après avoir sommé la ville de

---

(1) Rapin-Thoiras. Ilhistoire d'Angleterre, tome 5, page 443.

Crépieule, relation manuscrite.

(2) Crépieule. Relation manuscrite.

(3) Journal de Henry VIII. Actes de Rymer, tome 6, 3e partie, page 119.

(4) Id. id.

(5) Id. id.

se rendre et s'être convaincus qu'elle ne pouvait être emportée par un coup-de-main, se décidèrent à en faire le siége dans les règles.

On ouvrit la tranchée au revers de la montagne de Dringhen (1); et, malgré les sorties réitérées des assiégés pour empêcher les travaux, on les poussa avec vigueur.

Henry VIII, qui s'était arrêté plusieurs jours à Calais, n'arriva au camp, avec sa garde, que le 26.

Voici les positions que l'armée anglaise occupait à cette époque (2) :

1° L'avant-garde, qui formait l'aîle droite, était placée sur les hauteurs au nord de la ville, faisant face au chemin Vert, sa droite appuyée à la tour d'Odre, sa gauche au chemin de Terlinctun; sa cavalerie repliée en 2° ligne, et son artillerie à la ferme d'Odre ;

2° Le corps de bataille garnissait les hauteurs

---

(1) Crépieule.

(2) Une légère connaissance de la conduite d'un siége, et une simple inspection des lieux qui servirent de théâtre aux opérations des assiégeans, suffisent pour se convaincre que telles ont dû être les positions de l'armée anglaise :

1° A cause des accidens du terrain et du besoin de rendre le blocus complet ;

2° A cause de la portée du canon de la place ;

au nord-est, en appuyant sa droite au chemin de Calais, et sa gauche à celui de Boulemberg. Une partie de sa cavalerie s'étendait sur le revers prolongé du mont Dringhen : l'autre étoit placée à la Poterie; son artillerie à Wicardenne;

3° L'arrière-garde, qui formait l'aîle gauche, s'étendait au sud-est derrière Bertingen et la Waroquerie, appuyant sa droite au corps de bataille. Sa gauche était à cheval, sur la route de Paris, en joignant la mer : son artillerie occupait Ostrohove;

4° La garde royale, à l'exception de quelques compagnies détachées à Terlinctun, était placée de manière à lier l'aîle droite avec le centre (1).

3° A cause de l'espace qu'il a fallu partager proportionnellement à la force, à la nature et au développement des divers corps assiégeans;

4° Enfin, à cause de la nécessité de couvrir les opérations du siége contre les entreprises du corps de troupes légères que commandait le duc de Vendôme, et qui voltigeait aux environs.

(1) Nous avions d'abord présumé que toute la garde royale pouvait bien avoir été placée en réserve au quartier général de Henry VIII, et nous fondions notre opinion à cet égard, sur le grand tableau du Siége dont il est question plus haut, où le peintre a placé les tentes et pavillons du Duc d'Albuquerque, l'un des principaux chefs de cette garde, tout contre ceux du roi; mais le

Le quartier des vivres s'établit à la Poterie, sur la route de Calais; celui de l'artillerie de réserve à Wicardenne, et le quartier général à Terlinctun (1).

Quoique les lignes de circonvallation et de contrevallation fussent déjà en usage dans les siéges au 16e siècle, nous n'avons trouvé aucune trace qui pût nous faire supposer qu'il en eût été élevé par les assiégeans. Il est probable que la position de leurs camps, sur les hauteurs qui environnent la place, suffit pour les en dispenser, ou qu'ils employèrent d'autres moyens pour se garantir de toute surprise (2).

---

journal de ce prince dit positivement que Hunt, le forgeron du roi, fut tué dans sa forge : ce qui indique qu'il était avec son corps à portée du feu de la place, ou de celui des assiégés dans leurs sorties.

(1) « Les assiégés, dans une de leurs sorties, attaquèrent » l'escorte du roi d'Angleterre qui se rendait *au quartier-* » *général à Terlinctun*, lui tuèrent 7 officiers et 40 soldats.

(Crépieule.)

« Le duc de Suffolk vint au-devant de lui (le roi) et le » conduisit du côté du nord de la ville, au bord de la mer, » où S. M. campa. »

(Journal de Henry VIII. Actes de Rymer, tome 6, 3e partie, page 119.

(2) « Le nombre de leurs charriots était si grand qu'ils » suffisaient pour environner toute l'armée en façon de » tranchées. »

(Crépieule.)

La grosse artillerie ainsi que les mortiers furent répartis en six batteries principales, qui s'établirent successivement comme il suit :

La 1re, de 14 pièces, au-dessus des Tintelleries (1).

La 2e, de 12 pièces, à Beaurepaire (2).

La 3e, de 8 mortiers, en face de la porte Flamengue (3).

La 4e, de 12 pièces, à Makestra (4).

---

(1) « Ils plantèrent (les Anglais) 14 pièces de canon « autour de la boutique où l'on avait coutume de teindre » les draps. Elles battaient les lieux situés entre la porte » des Dunes et la tour Notre-Dame. » (Dubaillant.)

(2) « Suffolk fit esplanader le terrain de Beaurepaire, y » éleva un bastion garni d'un bon mur, et y plaça une » forte batterie de canons. » (Crépieule.)

(3) « Les mortiers qui servirent au bombardement » doivent avoir été placés sur ce point, ainsi qu'on peut » s'en convaincre d'après la direction que suivaient les » bombes. »

« Une grosse boule en la Grand'rue tombit,
« . . . .
« Tout sautant vers la croix vint droit au puits d'amour. »

(Morin.)

(4) « Une batterie fut placée à Makestra : elle était de » 12 pièces. » (Crépieule.)

La 5e, de 12 pièces, au mont Dringhen (1).

Et la 6e, de 10 pièces, à la Waroquerie (2).

On utilisa les pièces de campagne dans les travaux d'approche, au fur et à mesure qu'ils avançaient.

On peut voir par ces détails que l'investissement de la place était complet.

C'est au 29 juillet qu'il faut rapporter la prise du Château d'Hardelot, par un détachement de troupes anglaises commandé par Sir Thomas Poynyngs. La garnison, qui était de 150 hommes, se rendit à la première sommation et fut faite prisonnière de guerre (3).

Les travaux au sud-est de la place continuaient toujours avec une grande activité. La première attaque, dirigée vers le Château, avait été com-

---

(1) « Le roi (Henry VIII) partit de Marquise, arriva » au bourg d'Honvaut; il fit asseoir un camp devant le » Château de Boulogne : en cet endroit furent établies 12 » pièces d'artillerie. » (Duhaillant.)

Ce ne peut être que sur la pointe saillante du mont Dringhen, où l'on trouve encore une partie de terrain qui a été fouillée.

(2) « Une batterie fut placée à la Waroquerie, au-dessus » de Brékerèque. » (Crépieule.)

(3) Journal du roi d'Angleterre. Actes de Rymer, tom. 6, 3e partie, page 120.

mencée près de la batterie du mont Dringhen : elle s'étendit bientôt jusqu'au village de St.-Martin, alors dans la plaine. Les diverses constructions qui se trouvaient en cet endroit, ainsi que l'église, lui servirent de point d'appui. Les redoutes qui flanquaient les tranchées, furent successivement armées de pièces de petit calibre; et, malgré les sorties réitérées que firent les assiégés pour s'opposer au progrès des travaux, les dehors du Château ne tardèrent pas à être ruinés presqu'entièrement.

Au moyen d'un boyau de communication, les assiégeans dirigèrent une seconde attaque sur l'ouvrage avancé qui couvrait la porte Gayole, et ce boyau ayant été prolongé sur la tour Françoise, le mineur parvint à s'y attacher.

Un épaulement bastionné qui prenait aux Tintelleries et aboutissait à l'espèce de golfe que formait le hâvre au bas de la descente de la porte des Degrés, couvrait entièrement le bourg (1), et mettait la garnison que les Anglais y avaient placée à l'abri de toute surprise de la

---

(1) « Les Anglais, après avoir éteint l'incendie de la » basse-ville, la fortifièrent et y mirent garnison. »
« Le bourg fut environné de munitions et de remparts. »
(Dubaillant.)

part des assiégés : ces retranchemens subsistaient encore en 1555 (1).

Les brèches étaient déjà praticables en plusieurs endroits au 9 août, puisque les Anglais tentèrent alors un assaut où ils furent repoussés (2).

La place étant resserrée si étroitement par les assiégeans, il était bien difficile d'y faire entrer du secours, à moins de saisir le moment de la marée basse et de traverser la rivière à gué du côté de Brékerèque : c'est ce que fit le capitaine d'Incourt, en amenant le renfort de 300 Italiens qu'il introduisit heureusement de cette manière par la porte des degrés le 19 août.

Le siége en était parvenu à ce point, lorsque le roi d'Angleterre jugea à propos de faire couvrir ses opérations par un corps d'observation. Voici ses motifs :

François Ier, en dirigeant ses principales forces sur la Champagne, pour résister à Charles-Quint, avait laissé le duc de Vendôme en Picardie, avec un faible corps de troupes légères chargé de contribuer à la défense des places d'Ardres, Boulogne, Thérouanne, Montreuil et Hesdin; mais

---

(1) « Les tranchées du bourg faites par les Anglais « pendant le siége doivent être comblées. »

(Actes de l'administration, 17 avril 1555.)

(2) Crépieule.

ces forces étaient bien éloignées de pouvoir remplir l'objet de leur mission (1). Le duc de Vendôme se contentait de battre la campagne et de harceler de loin les troupes de Henry (2), ou de parlementer avec ses généraux (3). Cette manière de faire la guerre, en coupant les communications des alliés et interceptant leurs convois (4), menaçait également les derrières des camps qui entouraient Boulogne. Ces motifs étaient plus que suffisans pour déterminer Henry VIII à tirer de l'armée qui assiégeait Montreuil un corps de cavalerie avec quelque infanterie, et de s'en servir de manière à lui permettre de continuer le siége

(1) Dubellay. Collection de Mémoires sur l'histoire de France, tome 21, page 152.

(2) Lefebvre. Histoire de Calais, tome 2, page 247.

(3) « Le 24 juillet, le trompette de M. de Vendôme vint » trouver le lord Lieutenant. Il fut congédié de suite et re- » partit dans la nuit. »

(Journal de Henry VIII. Actes de Rymer, tome 6, 3e partie, page 119.)

(4) « Un convoi sorti de St.-Omer et d'Aire, pour porter » des vivres et des munitions aux troupes allemandes em- » ployées au siége de Montreuil, traversait le Boulonnais » escorté par 1200 lansquenets, 800 chevaux et 4 coule- » vrines. Le duc de Vendôme l'attaqua, le mit en déroute, » lui prit 800 hommes et 2 coulevrines. »

(Dubellay. Collection de Mémoires sur l'histoire de France, tome 21, page 183.)

de Boulogne avec plus de sûreté et de le pousser avec plus de vigueur (1).

La destination de ces nouvelles forces étant de s'opposer aux entreprises du duc de Vendôme, qui occupait Ardres, Thérouanne et Hesdin, sa position devait être telle qu'il pût de suite opérer sur les quatre routes qui aboutissent à ces villes, la route de Calais exceptée, car sur celle-ci, alors plus rapprochée de la mer, les communications de l'armée anglaise ne furent jamais inquiétées. Les hauteurs de Boulemberg, qui dominent toute la fosse Boulonnaise, étaient donc les plus favorables pour atteindre ce but. Ce fut en effet sur ce point que le corps d'observation vint s'établir le 19 août (2). L'endroit le plus élevé, que l'on appelle maintenant le Mont-Lambert, n'était point encore fortifié : l'infanterie et l'artillerie l'occupèrent en formant le centre; la gauche et la droite, composées de cavalerie, s'établirent, la première, parallèlement au chemin de Bou-

---

(1) « Le roi Henry, ayant assemblé sa cavalerie au » bourg de Bolombarq, établit là un camp où il joignit » aussi quelques gens de pied, afin de retrancher aux » Boulonnais toute espérance de secours de la France. »
(Dubaillant.)

(2) Journal du roi d'Angleterre. Actes de Rymer, tome 6, 3e partie, page 120.

lemberg, en observation sur la route d'Ardres et de Désurennes; la seconde, en avant de l'ancien chemin Vert, en regard des routes de Paris et d'Echinghen. Quelques escadrons furent placés à cheval sur la grande route, à l'endroit où commençait la forêt de Boulogne, afin de couvrir Boulemberg.

Les assaillans, désormais sans inquiétude sur leurs positions, poursuivirent les travaux du siége avec plus d'ardeur et de sécurité. La tête de la première attaque étant parvenue jusqu'aux ouvrages extérieurs du Château, une batterie de fauconneaux fut placée sur le glacis (1) : elle acheva la ruine de tous les dehors, permit aux assiégeans de s'y loger (2) et de livrer au corps même du Château plusieurs assauts que les assiégés repoussèrent vaillamment.

La tête de la deuxième attaque, dirigée sur la porte Gayole et la tour Françoise, étant parvenue également jusqu'au bord du fossé, permit d'aborder les brèches.

---

(1) Morin, en parlant des fauconneaux des assiégeans dit : « sur les bords du fossé ils les avaient assis. »

(2) « Nous sommes campés dans le premier fossé (du » Château) et entrés pour ainsi dire dans le second. Nous » serrons les Français de si près, tout autour de la ville, » que les pierres nous font plus de mal que le canon. »

(Lettre du roi d'Angleterre à la reine. Actes de Rymer, tome 6, 3e partie, page 119.)

Mais la nécessité d'obliger les assiégés à diviser leurs forces, détermina les assiégeans à établir deux nouvelles attaques du côté de la ville opposé aux premières : l'une d'elles, dirigée sur la tour St.-Jean, permit de livrer, le 3 septembre, un assaut à la brèche de cette tour (1). La tête de l'autre, dont la tranchée s'ouvrit au bas des Tintelleries, était parvenue, le 4 septembre, au-dessus du Mont-à-Cardon, dans la direction de la tour Gayète, avec une batterie élevée qui endommagea beaucoup cette tour(2). Un prolongement de ces travaux, sur l'ouvrage avancé de la porte des Dunes, y facilita la fausse attaque du 3 septembre.

Enfin, au moment où s'entamèrent les négociations pour la reddition de Boulogne, il y avait cinq brèches principales au corps de la place.

La 1re, auprès de l'église St.-Jean (3), c'est-à-dire entre la tour de ce nom et la porte Flamengue.

La 2e et la 3e au, Château (4).

---

(1) Morin.

(2) Crépieule.

(3) Duhaillant.

(4) « La deuxième avait 20 pas de large, et la troisième » plus de 50, qui furent plusieurs fois réparés avec des » matelas. »

(Oraison funèbre de Vervins, par Jean Falluel.)

La 4e, à la porte Gayole (1).

Et la 5e, à la tour Françoise (2).

La capitulation ayant été signée le 13 septembre, les Anglais entrèrent dans Boulogne le 14, à dix heures du matin.

---

(1) Oraison funèbre de Vervins, par J. Falluel.)

(2) Id. id.

PLAN DU SIÈGE DE BOULOGNE PAR HENRI VIII
avec le tracé des positions et des travaux de l'Armée Anglaise
au 20 Août 1544.

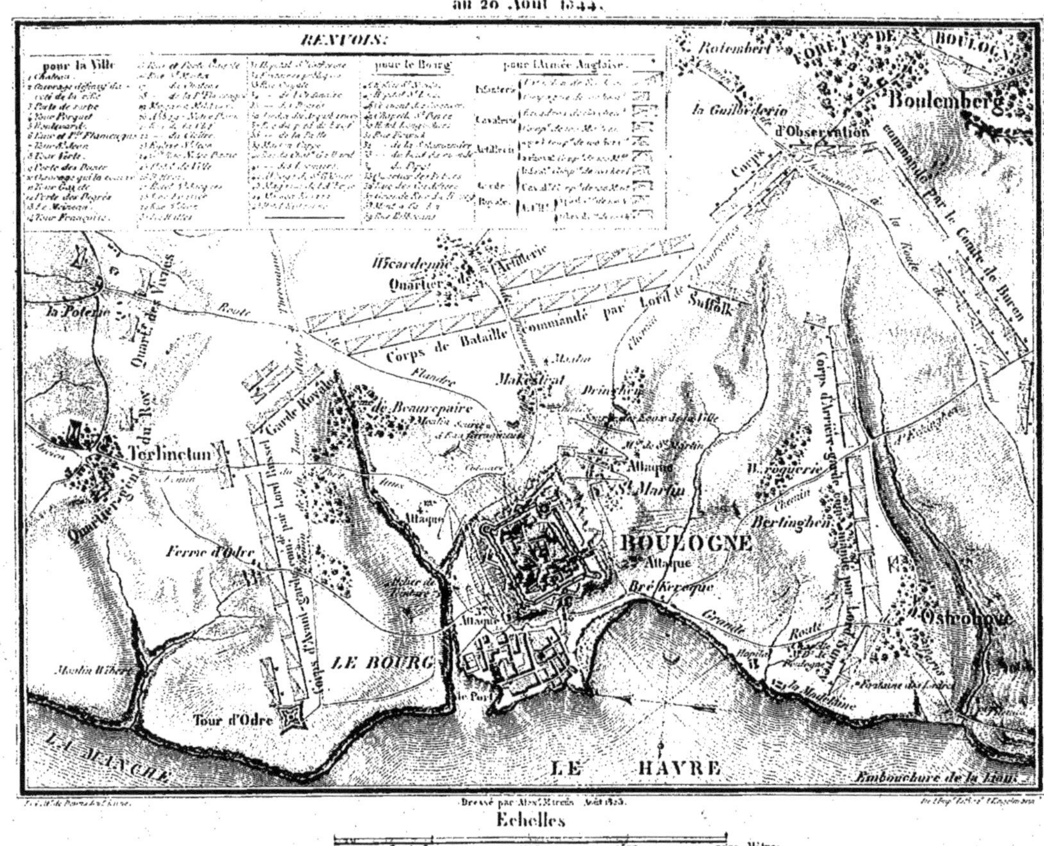

— On trouve aussi chez LE ROY-BERGER, imprimeur-libraire à Boulogne, les ouvrages suivans de M. le baron D'ORDRE :

Voyage sentimental, mêlé de prose et de vers, ou les Souvenirs d'un jeune Exilé.

La Chaumière de Jeannette, Nouvelle Boulonnaise.

La Philosophie du cœur.

Les Exilés de Parga, Poëme, suivi de poésies diverses, troisième édition.

Épître à M. Viennet sur le Genre romantique.

www.ingramcontent.com/pod-product-compliance
Ingram Content Group UK Ltd.
Pitfield, Milton Keynes, MK11 3LW, UK
UKHW012039240726
13965UKWH00003B/903

9 782013 038720